近世西洋十大音樂家故事

丰子恺 著/绘

漓江出版社

目次

莫扎特（Mozart）

贝多芬（Beethoven）

舒伯特（Schubert）

柏辽兹（Berlioz）

肖邦（Chopin）

舒曼（Schumann）

李斯特（Liszt）

瓦格纳（Wagner）

柴科夫斯基（Tchaikovsky）

自 序

有名的音乐史的著者安布洛兹（August Wilhelm Ambros）曾经有这样的话："著名人物的生涯中的传说和逸话，不但能表出其人物的精神倾向，又能简劲地表出其人物生存的时代的精神倾向。"我对于这话很有同感。

我写完了本书之后，觉得在十大音乐家的生涯的零星故事中，很可以窥见音乐在近世欧洲的地位的变迁：海顿学得了一手好技术，只能立在十字街头卖唱。后来被埃斯台哈奇公爵雇用为副乐长，然其委任状上条件之苛刻，犹如一张卖身契。可见西洋音乐在百余年前完全是贵族的娱乐品，音乐家完全是贵族的家仆。莫扎特的时代，音乐家的地位已经略高些，卖唱一变而为"演奏旅行"的美名，然而他在萨尔斯堡（Salzburg）[①]的大主教手下供职，仍被同佣工一样看待，与男女仆役同桌而食。贝多芬的时候情形就不同。贝多芬脾气发作的时候，当面唾骂伯爵为"驴马"；拿破仑失节而即皇帝位，贝多芬把为他而作的《英雄交响曲》撕破，丢在地上，终身不齿他。音乐者的地位已凌驾贵族了。以下的浪漫派群音乐家，如舒伯特、柏辽兹、肖邦、李斯特、舒曼等，就正式占据了艺术家的地位，在其生活中可以窥知个个是清高、名贵，或浪漫、潇洒的艺术家。舒

① 现通译作萨尔茨堡。

伯特的安贫乐天，柏辽兹的喑呜叱咤，肖邦的孤高自赏，舒曼的热烈情怀，李斯特的豁达大度，都在其生涯的断片中表示着。公侯贵族的势力，在他们已经视同尘土了。看到巴伐利亚国王把四万银币装了专车，命兵士护送到瓦格纳的别庄中，回顾海顿的卖唱与卖身，莫扎特的与仆役同桌而食，真是不可同年而语了。到了现代，柴科夫斯基从泥工口中学得《D 调四重奏》的主题，又在山中买了酒食款待农民，请他们唱民谣，从民谣中采取材料，作成《钢琴三重奏变奏曲》。由此可知音乐又从艺术家的清高地位降于山野农民之间，现代民族乐派的兴行，于此可见一斑了。音乐从贵族的娱乐物变成艺术家的陶情品，再由艺术家的陶情品变成民众生活的反映，在音乐家的生活的片断中均可历历窥知其递变的痕迹。

此书大体根据服部龙太郎的《世界音乐家物语》，又参考其他书籍。这不是正式的音乐家评传，而是以音乐家生涯中的故事和逸话为中心的记录。

这册书原只能作为好乐者的案头装饰品；或放在钢琴台上，作为弹琴者休息时的消遣品。但照安布洛兹的看法，此书对于音乐爱好者的贡献或者不止装饰与消遣而已。况且聪明的读者，所发现的一定不止我所感到的上述的一端。

一九二九年四月二十日　子恺记于沪杭车中

近世西洋乐坛之盛况

——十大家在近世乐坛上的位置——

音乐在其诸姐妹艺术中，性质全然奇特。不但其本质的抽象性与流动性为一切艺术所不能及，其发展状态也与别的艺术迥乎不同。人类文化开幕以来，各种艺术依了文化的进步而竞逐展进，犹如赛跑一般。然这赛跑好比寓言中的龟兔竞走，音乐艺术在文学艺术中，犹之兔在群龟中。自从出发以来，群龟匍匐前进，不少休息；兔却在路中打了一个瞌睡。一觉醒来，看见群龟已在前面，立刻奋起直追，刹那之间超过了它们。西洋音乐的发达情形正是如此：自从文化开幕以后，文学、绘画等徐徐地通过各个时代而不息地进步，一直发达到今日的状态；音乐在远古的希腊时代曾经一次发达，以后就收旗息鼓，一直沉默了二千年之久，到了二百年前的十八世纪，方才觉醒。在这二百年中用了可惊的速度而展进，到了现在，不但与文学、美术等并驾齐驱，其发达竟超乎文学、美术之上，近世乐坛的闹热的盛况，实为文坛与美术界所不能比拟。不进则已，一进就飞跃跳越，音乐的发达状态实在奇怪得很！别的艺术在二千余年中徐徐地积成的成绩，音乐只要两个世纪就超过它们，音乐的发达能力实在伟大得很！所以音乐在诸姊妹艺术中，是性质全然卓拔不群的一种奇特的艺术。

希腊时代的音乐，乐器已都不可考，乐谱已完全失亡，遗留下来的只是历史上的一笔记载，实际的音乐早已埋葬在渺茫的过去中，对于现代的我们全然没有什么关系了。中间沉默的二千年的日月，当然没有一点成绩可言。所以西洋音乐的历史很短，差不多是二百年前诞生的一种艺术。西洋音乐史的第一页不妨从十八世纪说起，十八世纪以前简直同没有音乐一样。因为在可考据的范围内，真正发达的音乐，真正成为一种“艺术”的音乐，是从十八世纪初叶方始成立的。详细的情形与理由，读了后面的说明自能了解。约言之，远古希腊时代的音乐已不可考，二千年内的音乐被别的艺术（例如舞蹈、文学）所利用，又为宗教所拘囚，变成了宗教的奴隶。直到最近二百年前，方始遇到救世主，恢复其独立的自由。此后方有真正的发展。

所以严格地说，西洋音乐没有古代史。说“近代音乐”，其实就是音乐史的全部。故所谓“近世西洋十大音乐家”，不是西洋音乐史上的一部分，其实就是西洋音乐全史上的十大代表者。这一点要请读者特别注意。

西洋音乐全史缩印在最近的二百年中。在这二百年中，西洋音乐的发展实在是急进的，飞跃的！乐派的经过，乐风的递变，乐曲形式的展进，乐器的发达，音乐表现力的增大，音乐演奏法的进步，都在这二百年中像春潮一般地澎湃而下。现在音乐最发达的欧洲诸国的好乐者，已嫌协和音的对照过于平凡，甚至在乐曲中应用不协和音，以作成新奇的对照；嫌乐器的刺激过于力弱，甚至在管弦中应用大炮，以加强乐曲的节奏。照这种现状看来，音乐发达似乎已经达于极点，前面已是山穷水尽的地步了。倘一直用这速度发展下去，则明日的音乐界，再过二百年后的音乐界，将展出甚样的新天地来，实在是不堪设想的事了。

回溯二百年中，西洋音乐的发展经过四次的展进与变化，而达于今日之域。第一是音乐艺术的独立，第二是器乐的勃兴，第三是主调音乐的成立与奏鸣曲的发达，第四是标题音乐的兴行与乐剧的建设。今就各项略说于下。

{一} 音乐艺术的独立

音乐，大概是为了其特殊的性质的原故，一发生就受别的东西的羁绊，与别的东西互相提携而进步，不容易独立而前进。音乐的起源，诸说纷纭，最稳当的办法，莫如从想象上探究，说音乐起源于“律动”（Rhythm）。律动的母胎中，同时产生一对双生儿，即“音乐”与“舞蹈”。后来产生“文学”“演剧”。音乐的幼年时代，全靠其姊妹艺术的扶持而长育，一向不曾独立。其最初的扶持者是“舞蹈”。开卷曾经说过，音乐有抽象性与流动性，为一切姊妹艺术所不及。例如舞蹈，必须用身体的动作为材料；文学，必须用具体的言语为材料；演剧，又必须兼用身体的动作与言语二者为材料，音乐只要用一缕的音。虽然唱歌与奏乐也要用身体与乐器，但身体与乐器究竟不是音乐表演的主要材料，其情形与在舞蹈、文学、演剧中迥不相同，我们所鉴赏于音乐者，结果只有一缕的抽象而流动的音。音乐有这样的特殊的性质。音乐所以必须受别的艺术的扶持而发达，其原因正在于此。因为人类向来有一大要求，即对于无论何物喜欢其具体化，又概念化。对于音乐当然也起这个要求。但音乐因为有上述的特性，不能单独具体化，概念化。故必须与有具体的表演力的别的艺术（例如舞蹈）相结合，蒙了这艺术的具体的表现的衣服，然后可以立脚。所以音乐的幼年时代，全靠舞蹈的提携而进行——到现在，二者仍有密切的关系。

人类把音乐与舞蹈结合了，还不满足，后来又使它与“诗歌”（文学）相结合，就变成更具体的更概念的一种艺术。希腊古昔的农业时代，春秋祝祭有祭仪的祝歌，战争有战争的祝歌，送葬有挽歌，结婚有庆歌。一切仪式的“歌”，拥护了音乐而进步。除仪式的歌以外，还有文艺作品的诗歌，也和了当时的乐器里拉（Lira）而歌唱。例如纪元前九世纪的荷马（Homer）的名作，就是这盲诗人自己和了里拉而歌唱的。

音乐与文学结合之后，又被演剧所利用。希腊古代的悲剧，便是音乐与演剧的最古的结合。剧中的主要人物的对话，都用韵文，和了音乐的旋律而歌唱。例如有名的希腊悲剧作者索福克勒斯（Sophocles）、欧里庇得斯（Euripides），不但会作剧本，又自己能作音乐，是与现代的瓦格纳相似的兼长文学与音乐的人。不过其作曲今日已经失传，我们无从探知其音乐的真价；但其剧本的文学，是今日所尊重的文学作品，则当时音乐的进步也不难想象了。

音乐虽然借了舞蹈、文学、演剧的扶助而发达，其实音乐已经失却独立的资格，而被别的艺术所利用，为别的艺术的装饰物了。因为音乐一向受其姊妹艺术的提携而前进，用不着自己走路，故自己的足已经失却效用，变成一个不能举步的残废者了。

纪元之后，宗教的势力横行于欧美。音乐逢到了这位“宗教”的暴君，就被他虏掠去，充当一个花言巧语的侍妾，从此完全丧失了独立的自由权了。音乐本来应该是人类思想感情与精神生活的自由表现的艺术，在中世纪时代竟变作宗教的仪式的一部分，或宗教的装饰品，而全无生气与意义了。故中世纪的音乐差不多全是宗教音乐。君士坦丁大帝定基督教为罗马国教，制定宗教的仪式及其所用的音乐。中世纪宗教音乐由此而勃兴。当时用一种声乐，名为“唱经”（Antiphony），由教徒分组合唱，规模十分壮大。后来有宗教音乐上有名的僧侣胡克巴尔特（Hucbald）出世，创造“复调音乐”（Polyphony）的作曲法，宗教音乐更为发达。然而他们的歌，除了对神的赞美与教会气象的装饰以外，全无人间的情味与生趣。当时也有俗乐，例如“恋世歌手”（Minnesinger）、“名歌手”（Meistersinger）等歌人，或以恋爱为主题，或以日常生活为主题，倒是人类思想感情的艺术的表现。然而在宗教音乐的时代，这种俗乐被视为下贱之业，其歌人亦被视同卖唱的乞丐，为当时的士君子所不齿。在这样的压力之下，其音乐当然不能充分发展。

音乐受宗教的拘囚，至为惨酷！在千年的长时期中，不许与人类的生活感情发生交涉，而一直把它幽闭在教会中。像俄罗斯，除教会以外，民间不准弄音乐。倘有在教会之外私弄音乐的人，其人死后必入地狱而受劫罚。近代欧洲音乐的飞跃的进步，及现在俄罗斯音乐的异常的勃兴，照这情形想来，也许是对于长期而猛烈的压抑的力强的反动吧！

在希腊时代，宗教与音乐原也有密切的关系。例如前述的婚丧祝祭的歌，也是从宗教上来的。但希腊时代的音乐，是宗教的全部，音乐就是宗教。故音乐尚不失其独立的资格。至于中世纪的宗教音乐，音乐完全是宗教的奴隶，不复是一种独立的艺术了。

这音乐的幽囚与虐待，直到中世纪末期而稍有解放的希望。即意大利大宗教乐家帕列斯特利那（Palestrina）首先出来为音乐解除桎梏，始发出艺术的音乐的第一声。然真的音乐的救世主，直到最近二百年前方始出现。其人就是巴赫（Sebastian Bach，1685—1750）。巴赫以后的音乐，方是独立的艺术的音乐。

如上所述，音乐在一切艺术中，最为非物质的，最为抽象的。人类把这抽象的艺术与别的具体的艺术相结合，使成为具体的形状而表现。于是音乐一方面与舞蹈结合，一方面与诗歌结合，与诗歌舞蹈相提携，方能向前进行。舞蹈与音乐同是律动所生的，二者的结合本来很自然；诗歌也是律动所生，其与音乐相结合亦没有不可。然而音乐因此蒙了永久的苦难，做了舞蹈与文学的奴隶。到了中世纪时代，音乐的虐待更甚，受文学与宗教二重的束缚。就是比较自由的俗乐，也大都是文学的奴隶，否则是舞蹈的奴隶。在文艺复兴期的产物的歌剧中，音乐也不能离开文学而独立。十八世纪以前，音乐一向为别人的附庸，没有自己独立的领域，也是艺术中一种很可注目的特殊的情形。

然而这无辜的罪人终于也遇到了大赦的日子。自十七世纪至十八世纪之间，器乐渐渐发达，许多器乐家用水为音乐加洗礼；就中真的救世主巴赫用火为音乐加了洗礼，音乐方始独立而为纯正的艺术。后人称巴赫为“音乐之父”，真是很适切的称号。

巴赫在音乐上的功德，第一是器乐演奏技巧的发挥。当时的钢琴（Piano）还没有十分发达，不称为Piano而称为Clavier（古钢琴）。巴赫是古钢琴的演奏名家。发明巧妙的指法，专为此乐器作曲。又在作曲法上应用“十二平均率音阶”，使器乐的表现十分便利（详见后面器乐一节）。他的事业是从器乐出发，研究器乐的精神，建设全新而独立的音乐的形式，使音乐脱却别的艺术的束缚，而为自由表演思想感情的一种艺术。所谓“纯音乐”（Pure Music），就是从巴赫开始的。纯音乐有两种意义：一、对于受别的东西的利用的“羁绊音乐”，自由表现感情的称为“纯音乐”；二、对于含有事象描写的内容的“描写音乐”，发挥音本身的美的称为“纯音乐”（详见后面标题音乐一节）。巴赫的作曲，全无何种羁绊与描写，而以音的本身的美的结合，发挥美的感情，为纯音乐的模范。且不但器乐曲而已，声乐曲也不取从来复调音乐形式，而用器乐曲的形式。换言之，即具有纯音乐的价值的一种新的复调音乐形式，即所谓近世复调音乐形式（详见后面主调音乐一节）。“音乐之父”“音乐的救世主”的称号，便是从这意义上来的。

巴赫的音乐是“纯音乐”，换言之，就是“为音乐的音乐”。所以巴赫的音乐对于民众不甚接近。纯粹的艺术的发展，与对于民众的接近，原是不能两立的事。例如浪漫主义的艺术家，高唱“为艺术的艺术”（Art for Art's Sake），终于笼闭在“象牙之塔”中，与一般民众少有关系。故巴赫终身与一般民众相隔离而生活，他把一生奉献于“艺术”。然而音乐艺术的独立，究竟是巴赫的功勋。独立之后，方能取各种自由的形式，作各种自由的表现，于是人类得在音乐中高歌其“生的欢喜与憧憬”。犹之一个人，有了生命之后，方能培植其天赋，发挥其才华，显示其能力。巴赫赋予了他的生命，培植、教养、任用，是后人之业了。

音乐由巴赫创立新纪元。巴赫之后，大家辈出。就中韩德尔（George Friedrich Handel，1685—1759）与巴赫同时代，是巴赫的直接的承继者，为新生的音乐的“乳母”。他的音乐，就比巴赫的普通一点，显明是“为人生的艺术”了。他的大作神剧，从寺院下降而入于一般民众中，为当时人人所欢迎。

巴赫与韩德尔，是音乐的独立革命的二元勋。前者称为“音乐之父”，后者可说是“音乐的乳母”。在作曲史上，他们是“近世复调音乐”二大家。

{二} 器乐的勃兴

在我们现在的时代，说起音乐容易使人先想起演奏器乐，后想到唱歌。但是二百年以前，情形与现在大不相同：音乐以“声乐”（Vocal Music）为主体，乐器的演奏在音乐上差不多是没有的。中世纪的时候（如前节所述），音乐全部是宗教上的仪式，都用人声唱歌，难得用乐器（例如风琴）作为伴奏。至于“寺院式”的音乐，则连伴奏都不用，完全由人声歌唱。所以那时候的器乐在音乐上的地位卑下得很，仅当作伴奏之用，其效用止于人声的模仿而已。专弄乐器的人，地位也极微贱，只有俗乐中有吹笛鼓琴的人。（如前节所述）这种专弄乐器的俗乐者在当时被视为乞丐一类的下流人。所谓“市中吹笛者”（Town piper），就是在十字街头吹笛讨钱的人。说得雅听一点，这种人是“飘浪乐人”。但当时的飘浪乐人大都是无赖游民，没有市民权的人，他们不能参与宗教上的仪式，他们的子孙没有承受遗产的权利，死后即被没收财产。故在中世纪，器乐（Instrumental Music）与器乐者都处于奴隶的地位。这是与现在迥不相同的情形。那时候的唯一的高尚的音乐，是唱歌，尤其是寺院里的僧众的合唱。僧人平日最重要的日课，是练习音程。举行宗教仪式的时候，数百僧人分为三部、四部，或更多的声部，合唱复杂的大曲，其大曲即所谓“康塔塔”（Cantata）。——这声乐大曲康塔塔，在器乐盛行之后即变成奏鸣曲（Sonata，详见后节）。

故声乐在中世纪的宗教音乐时代，已经极度发达。自文艺复兴、宗教改革之后，声乐就渐衰颓，而器乐勃兴的机运渐渐成熟，这是近代音乐发达的一个重要的枢纽。

文艺复兴的时候，意大利歌剧勃兴。歌剧是重用音乐的剧，剧场中必须管弦合奏，于是乐器的使用法、演奏法，渐渐随了歌剧的发达而进步，器乐在音乐上的地位渐渐高尚起来了。到了十八世纪，经过前述的巴赫的研究，器乐的身价愈高，忽然与声乐处于同等的地位。又经过海顿的经营，到了现在，音乐就以器乐为主体，声乐在现代音乐中变成些微的一小部分了。为现代音乐的主体的器乐，就是从十七世纪的歌剧中的管弦合奏发达而来的“管弦乐”

（Orchestra），其所奏的乐曲就是所谓“交响乐”（Symphony）。巴赫是器乐的提倡者，海顿是管弦乐的建设者。

器乐的勃兴何以为近代音乐发达的一枢纽？巴赫与海顿在器乐上有何事业？近代音乐上的器乐发达的盛况如何？今略述如下。

音乐在本质上是器乐的，音乐必须在器乐上发展，其理由甚为显明：如前所述，中世纪的宗教音乐不是纯正的“音乐”，而是受宗教的桎梏的畸形的音乐，故能在声乐上发达。纯正的“音乐”，是“音”的艺术，与文词诗歌无关，当然不能用声乐演“唱”，而必须用器乐演“奏”。所以纯正的音乐，必俟器乐而能发达。所谓唱歌，原来是音乐与文学的综合，不是纯粹的音乐。唱歌无论何等充分发达，只是音乐的一部分的发达，不是音乐全体的发达。中世纪所以注重声乐，其原因一半也在于器乐的幼稚。十七八世纪以前，乐器中最重要的钢琴，尚未发达完成。乐器种类甚少，又构造甚不完全，技巧甚为简单。钢琴是乐器中的大王，从一弦琴（Monochord）发达，变成击弦古钢琴（Clavichord），变成 Sarterium，变为拨弦古钢琴（Harpsichord），到了千七百十一年而变成 Clavicembalo Col Piano e Forte，便是最初的钢琴。这时候装置已经便利，音量变化已经丰富。此后略加整顿，即成为现今的钢琴。钢琴有何等伟大的效能？因为它是有键盘的乐器，十个手指在键盘上可以自由运转，又可同时奏出许多音。既便于奏旋律，又便于奏和声。在一个键盘上可以奏出极复杂的音乐，其效果与从前的复杂庞大的声乐的组织相差不远。所以自从这乐器发达以后，回顾前时代的声乐的苦心的练习与组织，完全是徒劳的了。把这钢琴音乐的表现法更加扩大，用许多乐器代替其键盘而合奏一大曲，就是管弦乐演奏。试从远处谛听管弦乐合奏，其音的总和与钢琴演奏无甚大异。复杂的钢琴曲，其效果也可以仿佛管弦乐合奏。交响乐（即管弦乐）的唱片，与钢琴曲的唱片，往往使听者一时不易辨别。故钢琴的发达，是近代音乐上一大要事。声乐的衰退，器乐的勃兴，均以此为枢纽。器乐勃兴以后，音乐即归入“音的艺术”的正途，而作正当的发达了。

巴赫的主要事业，就在这钢琴音乐上。巴赫本是教会的风琴演奏家，同时又是古钢琴（Clavier，即钢琴的前身）的演奏家。风琴在有键的一点上原是与钢琴相类似的（不过音色与构造不及钢琴的完全与巧妙），故风琴演奏家兼古钢琴演奏家，原是便利的事。然巴赫能充分发挥这乐器的演奏技巧，现在所通行的钢琴指法（Fingering），都是巴赫所发明的。即在巴赫以前，弹键盘时不用拇指，而每手仅用四指，拇指的运用，是巴赫所发明的。自从这新式的进步的运指法发明以后，键盘乐器的技巧就非常发达了。

巴赫还有可使人纪念的功绩，就是在作曲上最初应用十二平均率音阶。十二平均率音阶（Wohltemperierte），就是把一音阶的音程作十二等分，定其一分为半音，二分为全音。这乐理本来是法兰西音乐理论家拉摩（Rameau）所倡导的。然而向来只是一种理论，未曾实行。最初应用这乐理于作曲上，而收得美满的效果的人，便是巴赫。平均率采用的效果是很伟大的：转调（固定某调子的作曲，在途中转变为别的调子）非常自由，复调音乐的赋格（Fugue）因而非常发达，而赋格的发达对于后来的奏鸣曲形式（Sonata form，近代音乐形式的主体）的发达有很大的影响。又不但如此，半音音阶的和声的利用，也因此而非常自由。半音音阶，就是把音阶中的一全音平分为两个半音，以应用于和声上，便可作出种种新奇的和声，和声的效果就非常丰富了。

巴赫曾应用半音音阶的和声，作《半音音阶幻想曲》（*Chromatical Fantasia*）。然这不过是表面的改革，“音乐之父”还有更大的勋业，即从器乐出发，研究器乐的精神，使发达而成为全新的独立的形式，使音乐脱出别的艺术的束缚，而解放为自由独立的艺术，在前节中已经说过。器乐的勃兴与音乐的独立，有密切的关系。

海顿继承巴赫的事业，研究器乐曲的形式，建设奏鸣曲式的基础。关于奏鸣曲式，容在后面说明，现在仅就海顿的器乐上来研究。海顿不但是奏鸣曲式的完成者，对于器乐的组合法上也有很大的发展。现今所通行的各种器乐演奏组合法，例如交响乐，弦乐四重奏（Quartet）等，都是由海顿创始的。交响乐一名称，在海顿以前原也有人用过，但意义与现在的不同。交响乐的现在的意义，是“管弦乐用的奏鸣曲”，这是由海顿开始的。海顿的交响乐中所用的乐器，弦乐器，木管乐器，铜管乐器，打击乐器，收罗已极繁多，变化已极丰富（详见《海顿》章中）。比较现在的巨大的交响乐虽然简单得多，但在交响乐创始的当时，实在是可惊的器乐的大组织了。

器乐经过了巴赫的提倡，与海顿的发展，而确立其基础。海顿以后诸大家，例如莫扎特（Mozart），贝多芬（Beethoven），舒伯特（Schubert），李斯特（Liszt），柏辽兹（Berlioz）等，皆努力于器乐方面的发展。直到现代，斯特劳斯（Strauss），德彪西（Debussy），斯克里亚宾（Scriabin）等建设"交响乐的水晶宫"，几乎达到了器乐表现的极致。

评家称现代器乐演奏为"交响乐的水晶宫"，又比拟现代的管弦乐为"流动的建筑"，都是极口赞叹现代器乐的盛况的话。

现代的管弦乐网罗一切乐器，演奏最长大而复杂的交响乐。在音乐演奏中，使用乐器最多的是管弦乐。故管弦乐是最力强而雄辩的音乐，是最进步的器乐组织，一切音色、强弱、高低、和声、节奏，现代管弦乐都能表现。从前的管弦乐的特色只是音的和谐，今日的管弦乐则是音乐的综合的表现。无数乐器，在舞台上都像有生命地自歌自语，能泣能笑。故今日的管弦乐演奏，仿佛有一种"乐器的言语"（Instrumental Language），各乐器都是有生命的个个的人格。一团体所演奏的管弦乐，差不多是百数十的登场人物所合演的一大戏剧。啜泣似的小提琴，朗笑似的长笛（Flute），盛怒似的钹（Symbal），柔顺慰安似的大提琴（Cello），娇声似的单簧管（Clarinet），傲慢似的长号（Trombone），一切乐器的表情，为无论何等有名的优伶所不能致。优伶所表演的是现实的演剧，管弦乐所表现的是"灵界的演剧"。

{三} 主调音乐的成立与奏鸣曲的发达

前面说过，巴赫与韩德尔是"近世复调音乐"二大家。又曾说过，海顿是奏鸣曲式（近世主调音乐形式）的建设者。盖巴赫与韩德尔的事业主要在于音乐的表演方面，其内容方面仍未完全离去中世纪作曲法的“复调音乐”，不过加以改革，故称为“近世复调音乐”而已。海顿始在作曲法上改复调音乐为主调音乐，而建立近世音乐形式的“奏鸣曲式”，经过莫扎特与贝多芬的继续研究，而主调音乐于是确立。五人者，实为近代音乐的先驱。今列表如下：

- 近世古典派音乐
  - 近世复调音乐
    - 巴赫（Bach）
    - 韩德尔（Handel）
  - 近世主调音乐
    - 海顿（Haydn）
    - 莫扎特（Mozart）
    - 贝多芬（Beethoven）

但最后的贝多芬，已是古典派向浪漫派的过渡期作家了。

何谓主调音乐与复调音乐？这是作曲法上的名称，与普通所称“单音”“复音”意义全然不同，决不可以混同。普通称单一声音的旋律为单音，称同时有许多复合的和声为复音，是极表面的浅近的名称。作曲上的所谓主调音乐与复调音乐，简言之，是说乐曲中同时进行的主要旋律的多寡。例如宗教音乐时代，寺院中集合数百僧人，分为三部或四部，使合唱一声乐大曲。这时候各部的僧人所唱的各是一个主要旋律，即各能独立为一歌，不过各歌保有相互的关系，可以同时齐唱而得复杂谐调的结果。这叫作复调音乐。又如现在的弹钢琴，十个指头在键盘上，往往同时并按三四个以至五六个音，使发出复杂谐和的和声。然而其作用与昔日的僧人的合唱不同，各指所按的不是对等的主要旋律。其中只有一旋律为主体，可以独立（大都在最高音处，即右手的高音部处），其他的音都是这主体的陪衬，没有独立的能力，换言之，即配在主体上的“和声”。又如今日的学校等团体唱歌中的二部合唱、三部合唱、四部合唱等，也是把学生分别为二部、三部，或四部，令各唱一旋律，互相作成复杂的谐调。然这作法与昔日的僧人的合唱也不同，各部学生所唱的不是对等的主要旋律。其中只有一个旋律为主体，可以独立，其他的第二部、第三部、第四部都是这主体的陪衬，大都没有独立的能力。这等都叫作主调音乐。表面上虽然分为数部，很是复杂，但实际上只有一个主体，“主”调音乐的意义即在于此。

十七世纪以前，音乐家都用复调音乐的方法作曲，其方法即所谓“对位法”（Contrapunkt），即声与声相对等之意。（Contra 就是相对，punkt 就是点，就是音符。英名 Conterpoint，即音符与音符相对之意。）故十七世纪以前，在音乐的性质上称为宗教音乐时代，在音乐的表演上称为声乐时代，在作曲上又可称为“复调音乐时代”。十七世纪以后，到了海顿的时代，改用主调音乐的方法作曲，其作曲法即所谓“和声法”（Harmonie），就是在一主要旋律上配和声的方法。故自十七世纪以后，在音乐的性质上称为纯正音乐时代（此“纯正”二字乃独立之意），在音乐的表演上称为器乐时代，在作曲上又可称为“主调音乐时代”。但在历史上，复调音乐和主调音乐并非相继发生的。主调音乐在中世纪以前早已存在。不过当时复调音乐盛行，故主调音乐仅用于浅易的俗乐上罢了。到了十八世纪初，巴赫等还应用所谓“近世式复调音乐”，巴赫死后，复调音乐次第衰退。十八世纪以后，主调音乐就代替了复调音乐而盛行，直至今日，世间不复用复调音乐了。故中世纪与近代，音乐上有许多相反的点：如前所述，中世纪重声乐而轻器乐，近代则反之；中世纪重宗教乐而轻世俗乐，近代又反之；中世纪盛行复调音乐而轻主调音乐，近代又反之。这三种反对，都是近代音乐进步的证据。因为宗教乐比世俗乐范围狭隘，声乐比器乐表演力弱小，复调音乐是适于声乐合唱的作曲法，当然不适于器乐。

复调音乐是适于声乐合唱的作曲法。复调音乐的第二旋律，每每模仿第一旋律而与之同时进行。故复调音乐的作曲法，是以“模仿”（Imitation）为基础的。在主调音乐，旋律的进行用“对比”（Contrast）、“变奏”（Variation）、“展开”（Development）等方法，即以对比、变奏、展开为基础的。模仿的原则适合于声乐，对比、变奏、展开等原则适合于器乐。故复调音乐主属于声乐，主调音乐主属于器乐。今列比较表如下：

（复调音乐）用对位法　立体的形式　以模仿为基础

主用于声乐

（主调音乐）用和声法　平面的形式　以对比、变奏、展开为基础

主用于器乐

故复调音乐与主调音乐代谢的原因，主要在于器乐的勃兴。在中世纪时代，钢琴等和声乐器还没有发明，音乐主要用人声。许多人声合唱同一的旋律，很觉得单调。所以用复调音乐法，合数部的人声，使唱各不相同的旋律，合成复杂的音节。后来钢琴发明了，单用一旋律也可以自由配上和声，不致流于单彩，于是繁琐的复调音乐渐渐不用，主调音乐就盛行到今日。

主调音乐的作曲法的根本原理，从“对比”出发。

所谓对比，就是在一种乐句之后，用性质稍反对的别种乐句，使互相衬出各句的特性。例如大调之后用小调，急速之后用徐缓，轻快之后用沉重，弱之后用强等便是。其次是“变奏”，即在主题上行种种装饰、变化。例如变化和声，变化拍子，变更音阶上的位置，或把主题分割，施以装饰，或在各部用不同的组合方法。最后是“展开”，就是离开了主题而自由展开，在管弦乐的大曲中，常用这作曲法。

所以最简单的主调音乐的乐曲形式，是仅用“对比”的所谓“二部形式”（Zweitheilige Form），或称“歌谣形式”，有 AABA（A 表示主题，B 表示对比部）的四行。普通学校中的唱歌，大都是二部形式的。较复杂的有“三部形式”（Dreitheilige Form），分前中后三部，前部和中部主题各异，作成对比，后部大都和前部同样，或与前部出于同一主题而略加变奏。普通的进行曲、舞曲，大部属于此三部形式。更复杂起来，变成“回旋曲式”（Rondo Form），篇幅长得多，组织亦复杂得多，全曲大致分部如下：

- 回旋曲式
  - 前部
    - 第一主题
    - 第二主题
    - 第一主题
  - 中部——对比（第二主题）
  - 后部（近世式仅用第一主题）
    - 第一主题
    - 第二主题
    - 第一主题

Rondo 就是 Round，就是“旋转”的意思，试看上面的表中，第一主题与第二主题交互轮流，旋转的意思即在于此。普通钢琴曲中，回旋曲很多。

从回旋曲更发展一步，即成为“奏鸣曲式”，为器乐中最进步的形式。

“奏鸣曲”（Sonata）与“奏鸣曲式”大有分别，不可混同。现在要先把二词的意义说一说：“奏鸣曲”是由三四个乐曲组成的大乐曲的名称。合在这大乐曲中的三四个小乐曲，各名为“乐章”（Movement）。其中第一乐章的形式，特名为“奏鸣曲式”。第二乐章大都用歌曲形式，第三乐章大都用舞曲形式，第四乐章大都用回旋曲式或又用奏鸣曲式。所谓“奏鸣曲式”，其组织大致如下：

- 奏鸣曲式
  - 呈示部
    - 第一主题（主音上）
    - 第二主题（主音的五度上）
  - 展开部——主题展开
  - 再现部
    - 第一主题（主音上）
    - 第二主题（主音上）

“奏鸣曲”，就是这形式为第一乐章而作的大乐曲。奏鸣曲的组织大致如下：

奏鸣曲
- 第一乐章——奏鸣曲式
- 第二乐章——歌谣形式，或三段式，徐缓而抒情的，故通常名为“慢板乐章”（Slow-movement）
- 第三乐章——古风舞曲，小步舞曲（Menuet），诙谐曲（Scherzo）等轻快调
- 第四乐章——回旋曲式，或奏鸣曲式，通常用急速的拍子

这配列也是以对比为基础而保住全曲的均衡的。即在第一乐章的繁重而快速的奏鸣曲式之后，用单纯的、抒情的歌谣形式为第二乐章，又用轻快的舞曲为第三乐章，则可以有对比的效果。第四乐章是总括的结束，故须用兴奋的急拍子。但也没有一定的规则，上表不过其组织的一种而已。

奏鸣曲也不一定是四个乐章组成的。普通多略去第四乐章，仅用第一、二、三的三乐章。贝多芬以后，奏鸣曲的体裁全无一定，因各作家而异。到了现代，形式更加不拘，渐渐注重内容的表现了。舒伯特（Schubert）的《未完成交响曲》（*Unfinished Symphony*），（交响曲与奏鸣曲，乐曲形式同样，不过用少数乐器奏的称为奏鸣曲，用许多乐器的管弦乐奏的称为交响曲）只有第一第二两乐章。

现代俄罗斯新派作家曾经发表只有一乐章的奏鸣曲。

奏鸣曲一名称，在西洋音乐上早已有之。古代对于声乐曲，称器乐曲为奏鸣曲。十六世纪时，意大利人迦伯列（Andrea Gabriel）也曾应用奏鸣曲的名称，但其形式与今日的大异，远不及今日的完全。到了十八世纪，前述的巴赫的儿子埃玛努厄尔·巴赫（Emanuel Bach）的时代，渐渐有近似于现今的形式的奏鸣曲。不久海顿出世，就建立了近代奏鸣曲的基础。以后经过莫扎特与贝多芬的经营，而奏鸣曲十分完全发达了。

海顿的作曲上的大事业，是交响乐。海顿有“交响乐之父”之称。前面说过，交响乐就是用管弦乐（Orchestra）演奏的奏鸣曲。故交响乐之父的海顿，对于“奏鸣曲”的组织上有很大的发展。海顿以前，最初的奏鸣曲是“室内奏鸣曲”（Chamber Sonata），或称为“帕提塔”（Partita），或称为“组曲”（Suit）。形式非常简陋，由数个二段式的舞曲集成各乐章。巴赫的作品，就是这种形式的。到了巴赫的儿子埃玛努厄尔，稍稍发达。入了海顿之手，就取用主题展开（Development）的方法，作出现今的奏鸣曲。

莫扎特继续海顿的研究，使奏鸣曲的组织更加完全。这时候的奏鸣曲，第一、二两乐章用同样形式，再配上一章三段式的小步舞曲（Menuet），和一章赋格（Fugue）形式的终曲。莫扎特注重各乐章的分部的构造；对于奏鸣曲的全体的组织，他并不曾用心。

贝多芬与莫扎特相反，重视全体的构造。努力企图全曲的一贯的气势，或有密接的关系的情绪。故他的作品注重气势与情绪的描写，显然有后世的标题乐的色彩（详见后节）。奏鸣曲的组织从此更加统一、团结，而为器乐上的最主要的乐曲形式了。

贝多芬以后，舒伯特（Schubert）、舒曼（Schumann）、门德尔松（Mendelssohn）等作家，在形式上及乐器的组织上均墨守贝多芬的遗制。到了近代，标题音乐勃兴，奏鸣曲就大加发展，交响乐开拓新的境地。德国的勃拉姆斯（Brahms），俄国的柴科夫斯基（Tchaikovsky）、斯克里亚宾（Scriabin），就是新时代的交响乐的大作家。

{四} 标题音乐的兴行与乐剧的建设

标题音乐是近世浪漫乐派上的名物。是十八九世纪音乐上一大普遍的倾向。

如前所述，音乐在古代为别的艺术所利用，在中世纪又为宗教的装饰。巴赫给它解放，使它独立而成为“纯音乐”，即“为音乐的音乐”。但到了现代，音乐又与别的东西发生关系，纯粹的音乐中又掺入别的分子了。然而这一次不是音乐为别的东西所利用，而是音乐利用别的东西。音乐仿佛是从长期的奴隶生活中脱出，暂时闭居在象牙塔中，现在又自动地走下象牙塔来与世人相见，而结合亲密的关系了。这便是标题音乐的发生。标题音乐（Program Music）就是依照一标题而作曲，在曲中用音描写标题所示的内容。换言之，即用音描写自然物象，即用音作诗、作画，即在音乐中掺入文学、绘图的分子（但并非在曲上加歌词的表面的掺入）。所以标题音乐之高级者，称为“音诗”（Tone-poem），又称为“音画”（Tone-picture），最近又有“交响诗”（Symphonic poem）。这种含有内容意义的音乐，对于纯音乐称为“内容音乐”（Content Music）。

标题音乐是近世浪漫音乐的名物。古典主义与浪漫主义的差别，简言之：前者以形式为主，后者则注重内容。即古典主义的艺术，有一定的形式与一定的美的标准；倘不依其形式，不守其标准，就不成为美。所以古典派的作品是主智的，客观的。至于浪漫主义的艺术，则注重独创，崇尚清新，为求独创与清新，往往不拘表面的形式。故浪漫派的作品是情绪的，主观的。浪漫派的音乐，就是注重内容的，情绪的，主观的音乐。起初作家运用音的巧妙的结合，自由地陶写胸中的情绪与感兴，把作者的主观映写在乐曲中。这作风推广起来，不但主观的情绪与感兴可以映入乐曲，又渐渐把外界的自然音加以音乐化，加以诗化，而移入于乐曲中。充其极致，鸟声、风声、水声、炮声、雷声，无不可以用音乐模仿而加入作曲中，即成为“模仿音乐”。但这是下等的音乐，为音乐大家所不取。音乐的描写，究竟有一定的限度，以情绪感兴的描写为主，即使要描写自然音，也必加以音乐化，自然音的再现，决不能成为艺术。所以高尚的标题音乐，是自然音的音乐化、诗的描写、心理的描写。现代法兰西的所谓“印象派”音乐，就是心理描写的音乐。

如前所述，贝多芬是古典乐派与浪漫乐派的过渡期作家，即贝多芬是浪漫乐派的先驱者。贝多芬以后，欧洲的浪漫乐派荟聚于德、法二国，名家辈出。就中七大家为近代音乐的中坚人物。其人即舒伯特、威柏、门德尔松、舒曼、肖邦、柏辽兹、李斯特。就中有五人是本书所收罗的题材。以时代的顺序为标准，可分为三期；以乐风为标准，可分为德、法二式，看下表即可分明。贝多芬是浪漫乐派的先驱者，同时又是标题音乐的倡导者。浪漫乐派群音乐家大都同时又是标题音乐的作者。浪漫派以后，现代乐派中的最大家，也都是标题音乐的发挥者。今列表如下：

标题乐家

- 浪漫派初期作家——舒伯特（歌曲之王）（Schubert）…… 德式浪漫派
- 浪漫派成熟期作家
  - 门德尔松（无言歌作者）（Mendelssohn）…… 德式浪漫派
  - 舒曼（小品大家）（Schumann）…… 德式浪漫派
  - 肖邦（钢琴诗人）（Chopin）…… 法式浪漫派
- 浪漫派与现代派过渡作家
  - 柏辽兹（交响诗人）（Berlioz）…… 法式浪漫派
  - 李斯特（钢琴大王）（Liszt）…… 法式浪漫派
- 德国现代派作家——斯特劳斯（音诗人）（Strauss）
- 法国现代派作家——德彪西（印象派乐家）（Debussy）
- 俄国现代派乐家——柴科夫斯基（折衷派乐家）（Tchaikovsky）

上表中有六人是本书所收罗的人物。由此可知标题音乐是近代音乐的中坚。今略为介绍各标题乐家的作风于下。

最初，就标题音乐的建设者贝多芬及其有名的音画说起。贝多芬以前的音乐，大都是“绝对音乐”(Absolute Music)，即前面所谓“纯音乐”。当时盛行的“室内乐”(Chamber Music)，就是以音乐美为本体而不描写事象的绝对音乐。这时候的室内乐，都是王公贵族的宫室中所演奏的音乐，所谓“室”，就是王公贵族的私室的意义。到了贝多芬时代，室内乐始脱离贵族的保护而独立。贝多芬是音乐家中的民主主义者，他给室内乐解除贵族的束缚，使之成为民众的。同时又倡导音乐的事象描写。故贝多芬以后的音乐史，可说是从绝对音乐到标题音乐的发达史。他自己的作品中，九大交响曲中有三曲是有标题的，即第三名为《英雄交响曲》，第五名为《命运交响曲》，第六名为《田园交响曲》。这三曲交响曲，不但是表出对于英雄、田园、命运的抽象的观念，而具体地描出英雄的力与悲哀、牧人的快乐、命运与人的葛藤。所以贝多芬是近代标题音乐的祖先。

就中第六的《田园交响曲》(*Pastoral Symphony*)为最有名的“音画”。全曲分三个乐章，描写着五幅图画：

第一乐章——在田园的愉快感受

第二乐章——溪畔景色，群鸟

第三乐章 { 田舍的飨宴
雷雨
雷雨后牧人的感谢歌 }

浪漫音乐的首领舒伯特是以“歌曲之王”名震近世乐坛的人。他一生共著歌曲八百余首，为古今独步的歌曲作者。他的歌曲，不但是音乐与文学的合并，而能用音乐翻译出诗的精神，音乐自成一独立的乐曲。在这点上，舒伯特也是对于标题音乐的作法上大有功业的人。他平时常常手执诗集一册，在室中朗吟漫步，吟到体会了诗的作者的灵感的时候，就把这灵感用音乐描出，立刻作成一首歌曲。他能够在歌德（Goethe）的诗上谱出歌德式的旋律，在海涅（Heine）的诗上谱出海涅式的旋律。他的心灵犹如一面映出诗的姿态的镜。音乐与诗的交际，在舒伯特最为密切了。

门德尔松是浪漫乐派成熟期的“唯美”的作家。他的音乐富于浪漫精神，描写的技术甚为巧妙。他的名作《苏格兰交响曲》《意大利交响曲》，不但充分表现民族性，又有种种巧妙的描写法，所以他是现代标题音乐的有力的提倡者之一。他的序曲《赫布里底岛》（*Hebrides*）中，有著名的流水的描写。但他对于情绪的描写比自然的描写更为擅长。他所爱作的“无言歌”（Songs without words），便是美丽的情绪描写的音乐。

舒曼比门德尔松更富于浪漫的色彩。他的性情非常热狂，作风也富于热狂的浪漫的精神。他的作品，以钢琴小曲为最著名。例如世界上到处弹奏的《梦幻曲》（*Traumerei*），最富于诗趣，最能代表他的小品的特色。在浪漫乐派的群音乐家中，舒曼最为诗的、感情的作家。

法兰西浪漫派乐人中，首推交响乐诗人柏辽兹。他的一生非常潦倒，最富于浪漫的生活。故其作品自然也多浪漫的色彩。他的作品中最伟大的是交响乐。他的交响乐，形式与从来的不同，完全用独创的作曲法，又都用标题，标明曲中所描写的事象。他自己特称其交响乐为“交响诗”。后人就称他为“交响诗人”。他的名作《哈罗尔德在意大利》(*Harold en Italie*)，及《幻想交响曲》(*Symphonie Fantastique*)中，把人的性格及生活用剧的描写法，生动地写出着。这种音乐，不用文字而能像做诗地写出人生自然的姿态，故又称为“音诗”(Tone-poem)。柏辽兹为浪漫乐派成熟后的果实，又为现代标题乐派的健将。

钢琴诗人肖邦也是擅长小品的音乐家。他是音乐史上空前的钢琴抒情家。故后人称颂他为“钢琴诗人”，又指他为“钢琴之灵魂”。平生最喜幽静，又多愁善病。作品也多纤丽的幽情的描写。钢琴小品是他的杰作。就中《夜曲》(*Nocturne*)尤为其得意之作。旋律都有勾引人心的魔力，又温厚、正大，充满着诗趣。他的作品都用标题，在标题乐派的群英中，肖邦是最纤雅的抒情家。

李斯特与前述的柏辽兹，是近代浪漫乐派中的两位交响诗人。李斯特的杰作，首推十二曲交响诗(见后章)，都是音乐的剧的描写的作品。李斯特又擅长钢琴，有钢琴大王之称，其钢琴上的事业又不亚于钢琴诗人肖邦。李斯特与柏辽兹是标题乐派的健将，浪漫乐派的结实，又为现代乐派的渊源。浪漫派发展到柏辽兹与李斯特，已经行止。就一变其方向而为现代乐派。现代乐派就是标题音乐与民族性的结合。

现代乐派最繁茂的地方是德意志、法兰西、俄罗斯三国。德国的代表者之一，是音诗人斯特劳斯。斯特劳斯绍继[1]柏辽兹、李斯特的标题乐风，而在作品中实以更健全的内容。柏辽兹、李斯特的“交响诗”，入了斯特劳斯的手中，而愈加凝炼，即成为“音诗”。他在音诗《死与净化》（*Tod und Verkläerung*）中，描写“死”的姿态，人对于生的爱与对于死的恐怖，最后又写出人因死而达到的法悦境。他的作品中，标题的色彩最为浓厚，描写最为深刻，为现代音乐上的异彩。

法兰西现代乐派的代表者是德彪西。他是近世最大的音乐家，是印象派音乐的创立者。他最爱法国象征派诗人波德莱尔（Baudelaire）等的诗，用音乐来试行象征的描写，就以印象派音乐家知名于世。印象派音乐的特征，是旋律的美，和声的富于变化，而有鲜艳的色彩。印象派是主观描写的音乐。印象派音乐的描写法，全然屏斥客观的分子，而用音乐直接描写人生自然的情趣，已达到标题音乐的最高点了。德彪西是有名的音乐的风景画家。他在《夜曲》中描出云在天空中推移的情状，节日之夜的热闹欢喜的印象，使听者犹如梦见其景色。又在交响小品中描写海的风景，为近代有名的“音画”。

俄罗斯现代乐派中最大的天才，是折衷派大家柴科夫斯基。他的作品中最有独特的色彩的，是标题音乐的交响乐。他的杰作《一八一二年序曲》（*Overture 1812*）是世界著名的标题音乐。曲

---

① 即继承。

中描写千八百十二年拿破仑进攻莫斯科的情景。曲的开始，表示俄罗斯国民对于拿破仑来袭的恐怖，奏出俄国国教的赞美歌；其次为法军的驱到，可怕的战争状况，法军的败北，俄国国歌的高调；最后为莫斯科寺的钟声与胜利的行进曲。全曲中描出着一场轰烈的大战的光景，评家谓此曲是标题音乐的技巧的登峰造极。

以上所述是音乐方面的标题乐家。要之，标题音乐就是音乐的描写，音乐的诗的表现，音乐的剧的表现。故最适于发挥这种标题音乐的技巧的，莫如“音乐剧”。因为音乐剧是音乐与演剧的综合，其音乐非用剧的描写不可。瓦格纳就把这种标题音乐的技法应用在他的音乐剧上，而建设了近世有名的综合艺术的“乐剧”（Music Drama）。贝多芬所倡导，柏辽兹、李斯特所努力经营的标题音乐，到了瓦格纳的乐剧而集大成。

瓦格纳以前的歌剧（Opera），音乐与演剧大都没有融合的效果，音乐仅为演剧的装饰，二者不能做有机的结合。瓦格纳应用标题音乐的技法，就产生理想的“乐剧”。关于乐剧的研究，非常复杂，非草草所能尽述。现在仅就瓦格纳的乐剧的序曲略述其大概。序曲是乐剧开幕前所奏的音乐。瓦格纳把全剧的情趣与精神用“剧的描写法”，缩写在其序曲中。故听到序曲，就如看见无形的演剧，全剧的情趣与精神已全部传达于听者的胸中了。瓦格纳的杰作中，例如《黎恩济》（*Rienzi*）、《汤豪舍》（*Tannhauser*）的序曲，都是有名的剧的描写的音乐。

黎恩济是十四世纪时的人。他曾经煽动罗马市民，企图革命，推翻了专横的贵族，做了市民的主权者。后来失了人望，而终于悲惨的结果。瓦格纳把这段历史事件作成一篇歌剧。又摄取全剧的精华，作一序曲。其曲由剧中各部的音乐的主题巧妙组合而成，故在序曲中已能表出剧的内容。曲的开始有黎恩济欲从贵族的横暴中救出罗马市民而祈祷于神的祈祷歌。其次是罗马市民对于黎恩济表示同意的合唱。又次是黎恩济煽动罗马的群众而兴起革命战争的战斗的音乐。又次是市民敬仰黎恩济为救世主而同声赞美的音乐。……用这样的音乐，把黎恩济的事业与生涯音乐化在这序曲中。

汤豪舍是十三世纪德国南方的一个青年乐人。这青年乐人受了妖女维奴斯[①]（Venus，诱惑青年男子的美丽的女妖）的诱惑，进了她所居的山中。后来听到了自罗马来的巡礼的歌声，就悔悟了。但罗马法王判他重罪，不肯赦免他。于是他就自暴自弃，重行逃入妖女的山中。然国土的领主的女儿伊丽莎白（Elizabeth）爱着这年青的汤豪舍，就不顾自身，代替他向神赎罪，终于使汤豪舍得了赦免。剧的梗概如此。瓦格纳在剧的序曲中巧妙地写出了这光景。即开始是罗马巡礼的歌。其次是非常诱惑的妖女的跳舞音乐。又次是汤豪舍的兴奋与被诱入山。又次是罗马巡礼的庄严的音乐。……终了为遇救的欢喜的歌。

德国浪漫派诗人李希推尔[②]（Jean Paul Richter）曾经有这样

① 现通译为维纳斯。
② 现通译为吉恩·保罗·里克特。

的话："从来阿波罗（Apollo，文艺之神）右手持诗才，左手持乐才，以分赠于两种的天才者。然而世界正希望兼有诗才与乐才的大天才的出现。"瓦格纳正中了这句话的希望。他自作音乐，自作文词，甚至自作剧场背景，自作演剧者，而建设了他的破天荒的综合艺术的"乐剧"。他是对于各种艺术均有非常的天才的人。所以他的作曲中，音乐与诗与剧的结合当然最为自然最为融和。前述的序曲脱离了歌剧而独立为一乐曲的时候，就是最高点的标题音乐。

二百年来西洋乐坛的盛况，大致如上。其重要人物计有十五人，今汇记于下，以便一览。

1. 巴赫（Bach　德）——音乐之父，近世复调音乐建设者。

2. 韩德尔（Handel　德）——音乐的乳母，近世复调音乐作家。

*3. 海顿（Haydn　奥）——主调音乐建设者，奏鸣曲完成者，交响乐之父。

*4. 莫扎特（Mozart　奥）——奏鸣曲作家。

*5. 贝多芬（Beethoven　德）——标题乐创立者，古典派浪漫派过渡期作家。

*6. 舒伯特（Schubert　奥）——浪漫派首领，歌曲之王。

7. 门德尔松（Mendelssohn　德　犹太）——浪漫派标题乐家。

*8. 舒曼（Schumann　德）——浪漫派标题乐家。

*9. 肖邦（Chopin　波兰）——浪漫派标题乐家，钢琴诗人。

*10. 柏辽兹（Berlioz　法）——交响乐诗人。

*11. 李斯特（Liszt　匈牙利）——钢琴大王。

*12. 瓦格纳（Wagner　德）——乐剧建设者。

*13. 柴科夫斯基（Tchaikovsky　俄）——俄国折衷派作家。

14. 斯特劳斯（Strauss　德）——音诗人。

15. 德彪西（Debussy　法）——印象派音乐家。

就中注 * 者为本书所传述的十大家。其余五家，除中间的门德尔松生活与其音乐一样平淡，无可演述而外，巴赫与韩德尔过于过去，斯特劳斯与德彪西过于新近，均暂时不述。本书所传述的十大家，为近世西洋乐坛的中坚。

海顿

Franz Joseph Haydn

(1732—1809)

{一} 大音乐家的初步

二十世纪初的西洋乐坛，是“交响乐”（Symphony）的雄辩的时代。现代音乐的最高水准，是“交响乐的水晶宫”。音乐的表现力，在现代的交响乐中已经尽量发挥，不遗余力了。这种交响乐的建设者，是百余年前奥地利的大音乐家海顿。所以现在叙述音乐家的生涯，第一从这位老大家说起。

音乐的表演分“声乐”与“器乐”两种。声乐就是用人的嗓子唱歌，器乐就是单用器乐演奏乐曲。但人的嗓子所发的音，高低强弱的限度甚狭，音色也甚单纯；器乐则发音的高低强弱范围广得多，音色亦复杂得多。集合高低强弱音色都不同的数百件乐器，由数百人合奏一乐曲，其表演能力当然更大了。这种演奏法叫作“管弦乐”（Orchestra），其所演奏的乐曲就是“交响乐”。现代爱听交响乐的人，都应该纪念这交响乐的创办人“海顿爸爸”（仿莫扎特的称呼，见下文）。现在请来谈谈这老大家的生涯，看他是甚样的一个人。

奥地利的来塔河（Leitha）畔有个小村，名叫洛罗。来塔河是南部奥地利与匈牙利的境界。洛罗村离维也纳不远，火车二小时半可以直达。这村中有一个车轮匠，名叫马谛亚斯·海顿（Mathias Haydn）。这人虽然是做工匠，却受过相当的教育，又爱好音乐，能不看谱谙弹竖琴（Harp），又有天赋的一个男高音（Tenor）好歌喉。他的夫人也是一个普通女子，然具有深的信仰心，热心于家政。总之，这一对夫妇都是心地良好、性质明慧的人。他们生了十二个子女，其中第二个男儿名叫弗朗兹·约瑟夫·海顿，便是本文的主人翁。

海顿的诞生日，一说是千七百三十二年三月三十一日，又一说是四月一日。音乐家自己是认定四月一日的。想来他的诞生时刻是在三月三十一日与四月一日交代①的夜半吧。

海顿出身平常，祖先中没有高贵的名人，又以车轮匠为父亲，其微贱可想而知。贫乏是他的一生的伴侣。幸而有两亲的慈爱与家庭的和平，幼年的海顿很健全地长育了。洛罗村附近有许多克罗地亚（Croatia）人及南方斯拉夫人居留着。据传记者的考究，海顿的祖先中混着克罗地亚血统。克罗地亚人是非常富于音乐天性的人种。海顿从小就爱好音乐。

据研究者说，克罗地亚人中音乐非常普及。三个人集拢在一处，就有一个人能作曲，一个人能奏乐器，一个人能歌唱。姑娘们汲水时，口中唱着美妙的歌。无论哪一个村里的人，都能在草原上奏乐，跳舞。海顿长育在歌舞盛行的地方，其音乐的天才当然容易发展。

每天晚上，海顿的家庭人员常常聚拢来奏音乐。幼年的海顿当然加入这演奏队中。然而他的正式受教育，自六岁时开始。有一个亲戚认识了他的天才，带他到昂不尔厄，专门教他学习音乐。这亲戚在昂不尔厄组织一合唱队，自己指挥。合唱队的教育十分严格，据说对于学生实行体罚。六七岁的海顿时常呜呜地哭泣。犹之贝多芬四五岁时候常被父亲鞭打而流泪在钢琴键盘上。然而海顿后来想起当时的严格的教育，心中常常感谢。

千七百四十年春，海顿八岁了。当时维也纳的圣史蒂芬教会派

---

① 即交接，接替。

人到昂不尔厄来招考合唱歌手。海顿受过试验，成绩很合格，就被取入了圣史蒂芬教会的合唱队中，这时候海顿年龄还只八岁，自己很晓得努力用功，生活十分刻苦。放假的日子全不休息，有友人来玩的时候，他常常独自到无人的地方练习古钢琴（Clavier）。古钢琴就是钢琴的前身，组织与钢琴略相似，而未曾完全发达。改良完善之后，即变名为 Piano，即钢琴。海顿当时所用的古钢琴是一种特殊形式的，形状很小，可以挟在臂中搬运。住在洛罗村中的两亲生活依然贫乏，不能供给他充分的用费，买书籍的钱常常不足。有一次父亲把血汗换来的六个弗洛林（Florin，一种银币，每个值两先令）寄给儿子买书。海顿用这钱买了一册《对位法》（Conterpoint，当时所用的作曲法的书籍）和乐理教科书。又买了些五线纸，珍重宝惜地使用。

有一天这唱歌队在御前演奏。马利亚女皇听见海顿的歌声，觉得不快，批评他说："这孩子的唱歌声音像老鸦噪。"指挥者就渐渐不欢喜海顿了。有一天，海顿得了一把新的小剪刀，藏在怀中，时时取出玩弄。偶然看见坐在他前列的一个唱歌人的辫发结得很好看，随手用他的新剪刀把那人的辫发剪下了。这事件促成他的解职，就被逐出唱歌队。这是千七百四十九年十一月中的事，海顿正是一个十七岁的少年，开始度流浪生活了。

｛二｝流浪时代

十七岁的海顿在举目无亲的维也纳的冬日的街头彷徨，一时无所归宿了。幸而天道有知，不久就来了救星。他有一个朋友在圣米克尔教会里当男高音（Tenor）歌手，有一天偶然遇见了失业的海顿。这朋友可怜他无所归宿，要他到了自己家里。然而他家里有妻，有子女，生活也不见得从容。他请海顿住在他家的屋顶下的小房间里。这朋友常常为舞蹈会及婚丧仪式所雇用，为别人演奏或唱歌，又为家庭教师，有时拿了小提琴在夜市中演奏卖钱。海顿在他家里寄食，当然很不安心。不久他就告别这朋友，另外租住了一个地方，也是雨雪都不避而阴暗的屋顶下的房间，在这穷苦的生活中，勉力作曲。后来他回想这时候的情况，自己有这样的记录：

这八年之间，我全靠教授糊口，此间有许多天才者为了每日的糊口而采用这可怜的方法，终于没却其天才！因为一做教授，竟极难得有自己用功的时间了。

同居者有一个诗人名叫麦塔斯塔西奥（Matastasio），为爱海顿的乐才，推荐他与人家做音乐教师。又介绍他给维也纳有名的一个音乐家。海顿就做了这音乐家的伴奏者，又帮他做各种事，揩皮鞋、刷洋装、送信、当差使，简直与仆役一样。这音乐家的姓名早已为人所忘却，他的仆役海顿倒成了大音乐家而留名千古，世间的事真是奇离！

千七百五十一年，有一天晚快①，海顿像乞丐一样地在街头指

① 即傍晚。

挥五重奏，借以卖钱糊口。其地点恰好在一个当时有名的喜剧作者兼剧场支配人的住家的窗下。这人名叫费律克司·克罗芝，他听了窗外的街头音乐，看出了海顿的音乐的特才，就呼他停止演奏，招待他到自己家里来。克罗芝有一首歌剧，是自己作诗的，就请海顿为他作曲。其歌剧后来曾在各处开演，但现今乐谱已经亡失，不复传世了。

千七百五十九年，海顿受波希米亚贵族莫尔舍伯爵的雇任，到他那里当乐长，这伯爵不喜欢雇用有妻室的人。海顿以前曾恋爱一个理发师家的次女。这时候不知为了什么原故，其恋情断绝，那女子做了尼僧。真率的海顿遭逢了这失恋，心中很是郁郁。理发师不管海顿喜欢不喜欢，硬要把他的长女安那·马利亚嫁与海顿，终于结婚了。结婚在千七百六十一年十一月中，时海顿年二十九岁，马利亚比他长二岁，已经三十一岁了。这安那·马利亚是一个世间极少有的凶恶的女子！她待海顿非常苛刻。海顿从此失了乐长之职，又要受悍妻的虐待。她竟把海顿所最宝重的作曲原稿当揩桌布，毫不顾惜。幸而海顿是一个乐天的人，尽量地忍耐。到了不能再忍耐的时候，二人的结婚生活就终于解散。不久他们分居了。马利亚分居后，于千八百年死去。死前数年，千七百九十一年，海顿客居伦敦的时候，马利亚曾写信给他，要求他寄一笔钱来买一间房子供养她。

{三} 得意时代

千七百六十一年，海顿受匈牙利公爵埃斯台哈奇（Esterhazy）

的招请，来到其地，任副乐长之职，不久升任为正乐长。埃斯台哈奇是匈牙利最富裕而最有势力的贵族之一，对于艺术也有很深的理解。海顿在这公爵的领域内为乐长，继续至三十年之久。这时已逃出了少年时代所经验的贫困，而转入平凡沉滞的生活了。但从一方面看来，这三十年间是他的艺术上大成功的时代。这公爵于千七百六十二年三月死去，由其弟继任公爵。千七百六十六年，公邸移转，海顿也跟了迁地。新公邸非常豪奢，有成列的树木、人工的洞窟、温室、花园。每夜大开华宴。然而在这公邸里服务的音乐家，并不见得幸福，他们须受贵族的指挥，没有自由独立的地位。从前的音乐家，都是皇公贵族家的下僚，否则教会寺院的奏乐者，除此以外没有别的生活方法。作曲家也只能作几曲悦耳的音乐，以讨自己的保护者的贵族的欢喜；否则作几曲毫无血气的宗教音乐，以装饰教会的仪式而已。音乐家得到精神上和肉体上的真正的自由与独立，是极近代才有的事。到了近代，音乐家方能把自己的感想自由表现为乐曲，又敢大胆地作出那种含有触耳的不协和音的新派音乐。

海顿被雇任为副乐长的时候，订有契约书。书中含有如下的文句：

约瑟夫·海顿受公家一员之待遇，为殿下供职，使殿下能信任其忠实。须有节制，对音乐师等不得取威压态度。须温和中庸，率直沉着。受命开演管弦乐之时，约瑟夫·海顿须负责监视其全体乐员，一律穿白袜、白背心，涂白粉，结辫发，又加襟饰。

外国音乐师须遵从副乐长之指导，故约瑟夫·海顿对于彼等须取模范的态度，不得与之亲狎。饮食，会话，亦不得鄙野，常须不失其尊敬。作正当行动，留意监视其部下，勿使发生不调和及争论等情，以扰殿下之清神。

副乐长须依照殿下之愿望而作曲，绝对专为殿下而演奏。非得殿下之许可，不得为他人作曲。副乐长须留意监视一切乐谱和乐器。倘因疏忽怠慢而发生支障[①]，须全归副乐长负责。

请看这样严格的契约书！要是现代的奔放浪漫的音乐家，恐怕没有一个人能消受，没有一个人愿意当这奴隶式的副乐长了。但从反面想来，这也可使海顿免得寒冷的屋脊下的饿死，免得十字街头的演奏和饮食店内卖唱。公爵的城内，设立一小剧场，海顿可以自由在这剧场中演奏自己的作品。海顿一生的全部歌剧，大部分管弦乐和室内乐，都是在这埃斯台哈奇时代中所作成的。在这时期中，他又获得了对于乐器的完全的理论。千七百七十九年，他根据以前同居的诗人——他的恩人——麦塔斯塔西奥的诗，作歌剧《无人岛》。这是海顿所作一切歌剧中最优秀的作品。然今日早已被人忘却，不复开演了。

这时期是海顿的得意时代，他在这荣华的盛期中交结了许多人物。就中有许多是当时社交界的中心人物的贵族。同在埃斯台哈奇公爵部下为音乐师的，有宝罗才理夫妇二人，也与海顿相交游。别

① 即故障。

去了悍妻的海顿，对于宝罗才理夫人格外亲近。传说宝罗才理的第二个儿子是海顿所生的。

世界有名的《告别交响曲》(*Abschieds symphonie*，*Farewell Symphony*）便是千七百七十二年海顿在埃斯台哈奇供职时所作的。关于这交响曲，有很奇离的传说：据说海顿所统率的管弦乐队的乐员，大家希望早些完毕公务，归家休息。海顿欲表出这情调，故此曲演奏中，各乐员演毕自己的乐器后，即可自由先行退场，不必等全曲终了后一同散队。故此曲的第一乐章所用乐器种数甚多，次第减少，至第四乐章而演奏台上人已寥寥，终于只剩第一小提琴(First Violin）独自演奏寂寞的旋律而闭幕。然这是当时的状况，今日开演这《告别交响曲》时，并不是可以自由退场的了。

{四} 海顿与莫扎特

海顿在埃斯台哈奇任职，不觉过了三十年。千七百九十年九月，埃斯台哈奇公爵死去，海顿的职位也变动了。他就辞别了此地，赴维也纳而去。波恩（Bonn）地方有一个小提琴家名叫约翰·沙洛门（Johanne Salomon）的，来劝海顿赴伦敦作演奏旅行。然而与海顿有父子一般的爱情的奥地利大音乐家莫扎特（Mozart，见次章）竭力阻止他，劝他勿到伦敦。六十老翁的海顿对于这海外旅行，自己心中也颇觉踌躇。经过种种条件和交涉之后，海顿终于偕了沙洛门于千七百九十年十二月十五日向英国出发了。莫扎特预感这一次对海顿是生离又死别，心中非常悲哀。过了一年之后，短命天才的莫扎特果然做了化物，与海顿永不再见了。海顿是长寿的音乐家，赴英国后又享了十年以上的世寿。然说起了莫扎特的名字，他总是流泪叹息。

音乐家与音乐家的相亲爱，自来无过于海顿和莫扎特了。莫扎特比海顿年幼二十四岁，他常常称海顿为“Papa Haydn”，即“海顿爸爸”。海顿也用爱惜儿子一般的温情爱护莫扎特。李斯特(Liszt，见后章）与瓦格纳（Wagner，见后章），柏辽兹（Berlioz，见后章）与帕格尼尼（Paganini，古今独一大小提琴家，西班牙人），也是相亲爱的音乐家。然比起海顿和莫扎特来，他们只能算次等。

｛五｝海顿与英国

千七百九十年，海顿在波恩度基督降诞节。在这地方，海顿与当时二十岁的贝多芬（Beethoven，见后章）相会。到了千七百九十一年的元旦，他就做了伦敦的人。海顿在英国，名望非常盛大。后来做乔治四世的当时的英国皇太子，对于海顿也非常赞仰。海顿一到英京，就开第一次演奏会，继续就在英国作曲，最初作出的是《惊愕交响曲》(*The Surprise Symphony*)。这一年伦敦举行已故的大音乐家韩德尔（Handel）的纪念演奏会。韩德尔是海顿的前一时代的德意志大音乐家，是海顿所景慕的人。海顿逢到他的纪念演奏会，也出席去听韩德尔的音乐。演奏到韩德尔的名作《哈里路亚合唱》(*Hallelujah Chorus*)，全体听众大家起立致敬的时候，六十老翁的海顿感激之余，突然叫道：“韩德尔是我们一切人的先师！”就像小孩子一般地哭泣起来，听众大家肃然感动。这真是海顿的天真烂漫的本色。

这一年七月，牛津大学赠海顿以音乐博士的学位。海顿心中感激英国人的优遇，为他们作《牛津交响曲》（*Oxford Symphony*）。海顿在英国，不但得了许多新的友人，妇女中也有许多是海顿的爱好者，大概他是独身生活的人，容易惹起妇人们的爱好吧。

千七百九十二年六月，海顿曾经归国一次，这时候贝多芬在门下执弟子仪，从海顿学习对位法（Conterpoint，十八世纪以前的音乐的作曲法）。然海顿对贝多芬的师弟情缘极浅，远不如对莫扎特的亲爱。贝多芬也不久即离开这老先生。关于两人的事，在后面贝多芬章中详说。

千七百九十四年一月，海顿再来英国。英国人对于海顿，同珍客一般地欢迎。然而海顿的心终是常常思念故乡。他从英国写一封信给故国的根丁格尔夫人，书中有这样的话：

> 唉，我何等渴望到你身旁来弹琴，即使十五分钟也好！我又想尝一尝德意志的美味的羹，一滴滴也好！我们将不能再得到这世间的一点事物了。但愿神能长久赐我以从前一般的健康。我常向万能的神作这样的祈祷。

从这信上看来，可知在英国的海顿生活很富裕，但身体似乎欠健康。他的英国旅居的日记中，又有这样的记录：

听说英国国民的负债已经超过二十亿了。据他们计算，倘把这笔债款兑换了银币，用马车装运时，每一马车装六千磅，其马车从伦敦排起，可接连排列到约克（两地距离二百英里）。

伦敦市中每年须消费八十万货车的煤。每一货车装十三包。大部分的煤从纽喀斯尔[①]运来，常常有二百余艘装满煤的大船从纽喀斯尔同时运到。每车价值二镑半以上云。

千七百九十二年五月初，罢理莫亚卿费五千基尼（Guinea，英国古币，约值二十一先令）的金钱，开一大跳舞会，一千个桃子付金一千基尼；二千笼的醋栗（Gooseberry），每一个付五先令。

十二月十四日，在晓君家聚餐。与诸宾周旋的时候我瞥见君家的女主人头上的首饰中有三根手指来阔狭的真珠色的带，其上面用金子镶着 HAYDN（海顿），我的姓。又主人公晓君的硬领的两端，也用最上等的钢铁子镶着我的姓。追记：晓君要我一点纪念品，我只送他一只出一基尼买来的纸烟匣子，他很欢喜，拿他领上的我的姓向我交换。

此种马价值甚贵。数年前乌亚利斯公爵曾出八千镑买一匹，后来以六千镑转卖与别人。但他用它赛马一次，赢了五万镑。

海顿在他居留英国的日记中，颇多这一类的记事。他是每日写日记的，而差不多每日有这类的记录，大概海顿的性质，一方面是

① 现通译作纽卡斯尔。

一个音乐家，同时他方面又是一个商人气很重的实际家。要是他生在今日，也许会染指于银行、交易所的事业。但他终是一个音乐家脾气的音乐家，虽然一方面有这种商人气质，也觉得很可敬爱。

海顿的结婚生活的失败，在前面已经说起过了。他在英国的时候，对一个曾为德国音乐家之妻的寡妇发生了情爱。这寡妇叫作西丽达夫人。她最初写一书简给海顿，这样说：

海顿先生：

我近归伦敦，先生便时，乞驾临教授音乐。

千七百九十一年六月二十九日　西丽达敬上

这样一封信之后，海顿就教她音乐了。海顿第一次的伦敦居留中，一直教她音乐。遭逢了不幸的结婚而度着孤独的生活的海顿与美丽的寡妇之间，不免发生温暖的爱情。西丽达夫人写送海顿的几通书简，现今尚保留着。然二人间的关系进行到何等地步，外人都不明白。海顿归国后是否仍和这女人通信，亦不得而知。

｛六｝高龄与大作

第二次在英国居留了一年余，海顿又蒙埃斯台哈奇公爵的招请，于千七百九十五年秋归国，仍为埃斯台哈奇公爵的乐长。六十三岁的海顿已渐渐欢喜静居的生活，难得在公众前出席演奏了。这时期中他常常来往于埃斯台哈奇与维也纳之间，做短期的旅行。

千七百九十七年，他在维也纳作《奥地利国歌》（*Austrian National Anthem*），即有名的《神佑吾王》（*God Save the King*）。这国歌于二月中在国民剧场公演。他自己很欢喜这歌。弃世的前五日，他曾经召集在他身旁的亲友，同唱这歌。他自己冒病起来弹琴，反复弹奏了三回。

海顿对于韩德尔的音乐非常感激，在前面已经说过了。他特别赞美韩德尔的名作神剧（Oratorio）《弥赛亚》（*Messiah*）。他的朋友沙洛门为他说种种的暗示与意见，使他更加感激，就决心作大神剧《创世纪》（*Creation*）了。这大神剧凡十八个月作成。作曲的期间，海顿的宗教的感情异常昂奋。千七百九十八年四月，这神剧在维也纳某宫殿内初演。次年三月，就在国民剧场公演。听众异常兴奋！不久即在英国开演。千八百零一年四月二十四日，海顿又产出最后的大神剧《四季》（*The Seasons*，*Die Jahreszeiten*）。当时海顿已经七十岁了。这最后的大作，形式与《创世纪》同样，词章比《创世纪》更为世俗的。然《四季》中没有像《创世纪》中那样新鲜的旋律美。

此后的晚年时代，作曲差不多完全停止了。欧洲乐坛诸后辈，如凯鲁比尼（Cherubini）、洪梅尔（Hummel）、威柏（Weber）等，常常来访问这老音乐家。海顿最后一次在公众前面做指挥者，是在千八百〇三年。而最后一次在公众前出现，是在千八百〇八年，即《创世纪》演奏的一晚上。这晚上的情形很不可忘。

维也纳地方一切大艺术家，这晚上都出席于音乐会。贝多芬与洪梅尔也在公众中。埃斯台哈奇公爵备了官家马车，迎接这老人家来到会场。请他坐在安乐椅中，抬到与王侯贵族同列的席上的时候，满场的听众大家起立，对他表示敬意。这晚上天气很冷，贵妇人们用高贵的围巾与肩挂，围住这老音乐家的周身。演奏开始了，数千的听众肃静无声。奏到“于是有光”的美丽的旋律的时候，听众不约而同地高声喝彩了。海顿自己过于感动，对听众叫道：“作出这音乐的不是我；这是从天上降下来的力！”一时晕倒在安乐椅中。

千八百〇九年，维也纳被法兰西军所围困，炮弹横飞空中，落入海顿的庭中。是年五月三十一日，海顿逝世，葬于根奔独尔辅（Gumpendorf）郊外。用罗马天主教仪式，葬式甚为庄严。

近代音乐上有四位元祖：巴赫（Sebastian Bach）是音乐之父，韩德尔是神剧之父，格鲁克（Gluck）是歌剧之父，刚才所说的海顿是器乐之父，又称为近代交响乐之父。近代管弦乐是由海顿建设其基础的。又现今我们所弹的奏鸣曲（Sonata），其形式大体是由海顿作成的。所以海顿的歌剧与神剧，其实并非重要的作品。惟其器乐，在音乐史上有重大的价值。临末就其艺术的业绩略论之。

海顿在器乐上的功绩，不但是完成器乐形式——奏鸣曲形式而已。又使乐器的组合方法十分发达。现今的所谓交响乐、弦乐四重奏（String Quartet）等乐曲形式，实际都是由海顿始创的。交响乐（Symphony）一名称，在海顿以前也曾用过，例如在中世纪，有一种形式的声乐曲称为Symphony，巴赫音乐中也曾用过这个名称。但这等都与现在所称的Symphony意义不同。现代的所谓

Symphony，即专为管弦乐（Orchestra）而作曲的Symphony，是由海顿创始的。

海顿的交响乐中所用的乐器，弦乐器有小提琴（Violin）、中提琴（Viola）、大提琴（Cello）、低音提琴（Contrabass），木管乐器有长笛（Flute）、双簧管（Oboe）、单簧管（Clarinet）、大管（Bassoon），铜管乐器有法国号（Horn）、小号（Trumpet），打击乐器有定音鼓（Timpani）等。又已把小提琴分为第一（1st Violin）与第二（2nd Violin）两部。其他管乐器亦都分为高低二部，定音鼓也用大小二种。这样组织的管弦乐，在现在看来原是小规模的；但在海顿的时代是可惊的大管弦乐了。后来的莫扎特及贝多芬等的作品，在乐器的种类上也没有多大的变化；其乐器的用法，在今日看来也是很平凡的。但在他们的时代也一定是可惊的创举。在前时代的巴赫的音乐中，以弦乐器为主，管乐器的效用仅在于加强弦乐器的音量。极言之，打击乐器差不多可以不用。海顿的音乐亦仍以弦乐器为主体，管乐器则在弦乐器上添一层色彩，使音乐稍有变化。用绘画来譬喻，巴赫的器乐曲犹之墨水画，海顿的器乐曲则为淡彩墨画。

莫扎特

Johannes Chrysostomus

Wolfgangus Theophilus Mozart

（1756—1791）

{一} 家学渊源

全世界有名的《朱比特交响曲》(*Jupiter Symphony*)、歌剧《唐璜》(*Don Giovanni* 或 *Don Juan*)、《费加罗的婚礼》(*Le Nozze di Figaro*)、《魔笛》(*Die Zauberflöte*)的作者，是天才莫扎特。在古今一切其他音乐家中，找不出可以匹敌莫扎特的天才。自来洋乐上最大的天才是莫扎特。后人称颂他为"不朽的莫扎特"("Immortal Mozart")。意大利音乐家罗西尼（Rossini）说：

"莫扎特不是最大的音乐家，他实在是世界唯一的音乐家。"

莫扎特在音乐家中的确是特殊的人，他是音乐的化身。旋律源源不绝地从他的头脑中流出，犹如光从太阳中流出。然而他的一生，物质方面很贫乏，并且短命而死，命运亦甚悲惨。他临终时候的悲惨，在一切音乐家的传记中亦无其例。但在这坎坷而且短命的生涯中所作出的音乐，却又极富于温和纤丽的美。他的音乐中全然没有欲望，只有美。纯粹的平和的有光辉的美，可说是莫扎特的音乐的一切。

莫扎特的洗礼名字很长，即Johannes Chrysostomus Wolfgangus Theophilus Mozart。倘译作中国字音，大致读如"约翰斯·克理斯东·沃尔夫冈·推奥斐尔斯·莫扎特"。就中"推奥斐尔斯"在德国名字为"阿马德乌斯"，即Amadeus。故一般称他为"沃尔夫冈·阿马德乌斯·莫扎特"。然普通只得简称为"莫扎特"。

莫扎特的家，世居在德国巴伐利亚州（Bavaria）的奥格斯堡（Augsburg）。他的父亲从小有音乐才能，青年时入奥地利的萨尔斯堡（Salzburg）大学中修习法律，被人认识了音乐的天才，后来擢举为其地的乐长。留滞在萨尔斯堡的期间，和一个官吏的女儿巴德尔结婚。从此就做了这地方的住民。夫妇间生下七个子女。长大的只有一个女儿和一个儿子，其余的都夭殇了。这女儿比儿子年长六岁，名叫马利亚·安娜，这儿子就是大天才莫扎特。

莫扎特的诞生，为千七百五十六年一月二十七日午后八时。

父亲名叫利俄波特·莫扎特（Leopolt），是一个很高明的小提琴家。曾经创造当时在欧洲有名的小提琴演奏法的一派。利俄波特是甚样的一个人？不详细晓得。但确知他对于儿子的教育，比什么事都看重，不辞一切苦劳地注意儿子的教育，是一个十分慈爱的父亲。他为什么原故而这样郑重地教育他的儿子呢？因为他的儿子是差不多可以不需要教育的大天才。又传闻这父亲气量狭小而脾气顽固，其热心于儿子的教育，大概一半是为了欲借此光大门闾的原故吧。

莫扎特少年时代就不绝地随了父亲赴各地作演奏旅行。这想来也是为了父亲要利用儿子的神童以博得金钱的原故。贝多芬的父亲也是如此，曾有意把贝多芬的年龄少说两岁，以惊骇听众，以博得金钱，满足自己的物质的生活。两大音乐家在这点上可说是同一境遇。

这父亲自己教授莫扎特和他的姐姐马利亚·安娜学习音乐。有一幅名画，描写着可爱的幼年的莫扎特坐在拨弦古钢琴（Harpsichord，即从前的未曾完全发达的钢琴）前面，马利亚·安娜手中拿着乐谱，父亲奏小提琴，指导两小孩奏乐的光景。看了这幅画，莫扎特幼年时代的情状历历如在目前了。

{二} 惊人的神童

莫扎特三岁时已能在钢琴上弹奏简单的和弦。四岁时能弹小步舞曲（Menuet）和简单的小曲。五岁就开始作曲。最初作曲的时候由他的父亲书写乐谱，后来他自己也会记录了。其乐谱到今日还保留着。

五岁能作曲！这话似乎是夸张，普通的儿童，五岁时说话都还勉强，哪里谈得到作曲？但在莫扎特的确是事实。若不相信，可以举一个实例：莫扎特五岁时曾作一首有 Trio（中段）的小型小步舞曲，其曲如下：

MENUET

莫扎特五岁时作曲

f

这曲的旋律当然极简单，演奏也很容易。然其作者是一个刚才离乳的五岁的孩子！

莫扎特的耳朵从小特别锐敏，有种种的逸话：有一次他听见了小号（Trumpet）声，忽起异常的感觉，气绝倒地。

又据他家一个亲友的实验，幼年的莫扎特的耳，辨别音的高低的能力很强，一个全音的八分之一的音程，他都能辨别。这亲友是奏小提琴的人，有一次他到莫扎特家里来演奏小提琴。莫扎特听了他的小提琴的音调，数日之后还能清楚记忆其调子的高低，对那人说：

“你前天所用的小提琴比我这小提琴调子降低四分之一全音。”

自从六岁以后，莫扎特就不断地赴各地演奏旅行了。

有一次随了父亲旅行到维也纳。皇后马利亚－德丽萨（Maria-Theresa）非常怜爱他。他在皇后面前演奏过之后，爬上皇后的膝上，吻她的头，并指在旁的皇女说：“我喜欢娶她做新娘。”

这皇女后来是做法兰西皇后的。

次年，又赴德意志南方各地巡游，便道来到巴黎。

巴黎有一个妇人会唱意大利的歌，命七岁的莫扎特为她弹伴奏。莫扎特听她唱了一遍之后，即能不看乐谱，自由造出和声而弹伴奏，从首至尾，一点不错。唱完之后，他要求那妇人再唱一回，自己在琴上另造新的伴奏。这样反复唱了十回，莫扎特的伴奏每回变化其性质，层出不穷。听者都惊叹为奇迹。

{三} 少年时代

德国大诗人歌德（Goethe）当时正是十四岁的少年。他在德国南方的法兰克福（Frankfurt）地方听到莫扎特的演奏。两大艺术家的初会均在童年，传记者引为美谈。莫扎特在凡尔赛（Versailles）宫殿中开过演奏会之后，就在那地方最初出版他的作品。后来转赴伦敦，受乔治三世的热烈的欢迎。前时代音乐大家巴赫的末子克里斯提安·巴赫（Chirstian Bach）在英国听了他的演奏，大为惊骇。

莫扎特不久从伦敦回巴黎、维也纳。在途中患了热病，又染了天然痘，加之长期旅行之后，身体十分疲劳，这回的病势很重，许久方能复原。

他在幼年时代全然无暇从事游戏，从五六岁起一直像大人一样地劳作。

他是一个特别早熟的人。试看他的肖像，幼年时颜面上就显露早熟的样子。然而这幼年时代在他的全生涯中算是最幸福的时代。坎坷还在后面。

千七百六十八年，莫扎特十二岁的时候，作最初的歌剧《拉·芬塔·赛普理济》（*La Finta Semplice*）①。这十二岁孩子所作的歌剧发表之后，惹起了许多人的嫉妒，他们对他做种种的阴谋与陷害的行为。然而这等对于莫扎特的天才的奔放有什么妨害呢？他只管用功作曲。不久又根据卢梭的《村中的卜者》（*Devin du Village*）作最初的德意志歌剧《巴斯丁与巴斯谛尼》（*Bastien und Bastienne*）②。

他渐渐觉得在维也纳不便自由活动了，他的父亲就送他到意大利。

千七百六十九年十二月，莫扎特动身回萨尔斯堡的故乡，途中又游历意大利各都市。

经过罗马的时候，他在罗马法王的礼拜堂中听到了格里戈里

---

① 现通译作《装痴扮傻》。
② 现通译作《巴斯蒂安与巴斯蒂安娜》。

（Gregory）所作的九部合唱曲。回家之后，凭记忆把这乐谱全部记出。这样长大而复杂的乐曲，听了一遍就会全部默写，其记忆力真是可惊！后来他第二次听到这九部合唱曲的时候，只发现他所写的乐谱有二三处细微的错误，此外全部正确。这样神奇的大天才，真可说世间绝对无匹的了。

莫扎特这时候已能巧妙纯熟地演奏各种重要乐器，无论钢琴、风琴、小提琴，只要听别人演奏一遍，无论其乐曲何等复杂，他都能谙记而弹奏了。

在他看来，音乐的表现犹之日常的会话、谙记、背诵，都容易得很。

罗马法王克雷蒙十四世（Clement）十分赞赏他的天才，赠他“金拍车”的骑士称号。他受了这光荣的称号之后，非常欢喜，就自称为“骑士莫扎特”。他的新作歌剧在米兰（Milan）开演，一连反复演奏了二十四次。千七百七十一年一月，被推荐为维罗纳（Verona）的学院的会员。这一年三月下旬，父子二人归到故乡萨尔斯堡。

归萨尔斯堡以后，不久又赴意大利做短期演奏旅行，凡两次。故乡萨尔斯堡的土地与莫扎特的性情完全不合。当时有这样的谚语：“到萨尔斯堡的人，最初一年变成愚钝，第二年变成痴汉，第三年变成真的萨尔斯堡人。”由此可知其地的风气环境的不良。像莫扎特的快活的、社交的性质的人，当然不耐久居在这地方。千七百七十二年，西祺门（Sigismund）大主教弃世，祺洛美

（Gerome）继承其位。祺洛美是一个妄自尊大而性情恶劣的人。他对于莫扎特同用人一般看待，命他同工役们一同饮食。这便使莫扎特不能一刻居留在故乡了。他决心辞去萨尔斯堡，就向主教提出辞职。他们盼望他走，并不挽留他。贫困的生涯自此开幕了。

｛四｝贫困与恋爱

此后是莫扎特的后半生涯了。他还只二十一岁，在三十五年的短命中，已是后半生涯了。二十一岁以后的莫扎特，真是不绝地与贫乏不幸相奋斗，有时连饮食都不完全。千七百七十七年九月二十三日晨，莫扎特伴了近六十岁的母亲，离开萨尔斯堡的旧家，出外求职，欲以供奉母亲。母子二人出发以后，独留在家里的老父写一封信给他们，信中有这样的可怜的话：

> ……你们出门之后，我真是悲哀得很！独自走到楼上，把身体投在椅子里。……我又走到窗口，向天祈愿你们二人的幸福。然而窗外不见你们母子的影迹了。我茫然地投身在长椅中，回想与你们别离的光景……

十八世纪的音乐家，都是全靠贵族的保护而得生活的。莫扎特现在已经失去职业，生活当然困难了。维也纳的听众——不但维也纳，无论何时何地的听众都如此——对于真正的钢琴家、小提琴家，全然没有鉴别其真价的能力。有教育的人，能发见有真价的音乐的人，真是稀少得很。出版业也没有像今日的盛行。艺术家除了向贵族讨饭吃以外，竟没有生活的方法。莫扎特的性行，对于金钱毫不吝惜，而对于趣味十分讲究。有了一点钱，立刻全部用完，决不肯留存一文到明天。他的穷因此更甚了。

他带领了母亲跑遍明兴（München）①、奥格斯堡，找不到一个饭碗，又转到曼海姆（Mannheim），暂时在这地方勾留②。因为曼海姆地方有一个剧场优伶名叫威柏（Friedrich von Weber）的，就是大音乐家威柏（Carl Maria von Weber）的伯父。这人有两个女儿，长女名亚丽祺，次女名君士坦济，都有姿色与乐才。莫扎特被长女亚丽祺的美的歌喉所诱惑，对她发生了恋情。然而没有职业，怎样能在曼海姆勾留呢？他非赶快动身赴他处找寻职务不可。千七百七十八年三月，转徙到巴黎。当时巴黎正是音乐史上有名的歌剧争斗的时候，即歌剧家格鲁克（Gluck）与皮契尼（Piccini）二人为了歌剧改革的问题，互相争斗的时候。莫扎特旁观之后，对于格鲁克深表同情，左袒格鲁克的方面。他的一生的歌剧作品也是受格鲁克的影响的。这一回格鲁克与皮契尼的音乐战，真是猛烈得很。格鲁克以“罗兰”（“Roland”）为主题而作一歌剧，皮契尼也以同主题作一歌剧。《伊菲革涅亚在陶立斯》（*Iphigenie en Tauris*）也是二人竞作的。法兰西的音乐爱好者，因此分了两派，发狂一般地互相竞争，批评。这时候富兰克林（Benjamin Franklin）恰好居留在巴黎，看见了这巴

① 即慕尼黑。
② 逗留，停留。

黎音乐界的状况，讥评他们，说："巴黎的好乐家们犹如昆虫。"

到巴黎后的莫扎特，依然是不幸的。他的老母在这贫乏的旅途中死去。次年九月末，莫扎特离去巴黎。这时候剧场优伶威柏的家庭已从曼海姆移居明兴。莫扎特经过明兴，当然不免勾留一下，去探望恋人的近况。亚丽祺已经成了本地的有名的歌人了。然而她对莫扎特的爱情完全冷淡得很。莫扎特失望之余，立刻离去其地，回到萨尔斯堡的故乡。明兴狂欢节（Carnaval）欲开演一曲大歌剧，请托莫扎特担任作曲。他所作的就是《伊多梅涅奥》（*Idomeneo*）[①]。莫扎特的传世的歌剧，从这一曲开始。

千七百八十一年，莫扎特二十五岁的时候，又离去故乡萨尔斯堡，来到维也纳。此后永远离开故乡而为维也纳的人了。

当时威柏的家也移居维也纳。莫扎特失了亚丽祺的恋，就迁爱于其妹君士坦济。黑瞳而肥胖的十八岁的君士坦济，占夺了莫扎特的心的全部。莫扎特的父亲发觉了儿子的恋爱事情，劝他打断这念头。他是一个谨慎的保守的老成人，看见儿子的境况不佳，深恐其结婚生活不幸，所以劝他作罢。然热情的莫扎特已不能自禁，苦口向父亲请愿，终于说服了他。这一年十二月，他就向女儿的父亲威柏提出结婚的要求，威柏允承了。前面说过，这剧场优伶威柏就是有名的歌剧《自由射手》（*Die Freischütz*）及《奥柏龙》（*Oberon*）的作者大音乐家威柏的伯父。故莫扎特与君士坦济结婚之后，就与大音乐家威柏结了亲戚的关系。

---

① 现通译作《伊多梅纽斯》。

{五} 音乐家与结婚

莫扎特欲在千七百八十二年的复活祭之前赶紧作成喜歌剧《后宫脱逃》(*Die Entführung aus dem Serail*),忙碌得很,结婚延迟在这一年的八月四日举行。君士坦济(Constance)没有受过充分的教育,也没有什么特殊的才能;但对于音乐很擅长,又是一个姣美的少女。二人的结婚生活,果如父亲所料,贫乏得很。

莫扎特的结婚的经过情形大约如上,现在因为说到莫扎特的结婚,想乘便就音乐家与结婚的事略说一说。

"亲近缪斯女神(Muse 是文艺音乐之神)的人,没有结婚的必要。"

这话在音乐家,至少在某程度内是可以说的。古来把全部的爱倾注在音乐上,而度独身的生活的音乐家,不乏其例。就中最有名的人,例如韩德尔、贝多芬、舒伯特、贝里尼(Bellini)、勃拉姆斯(Brahms)、圣桑(Saint-Saens)、穆索尔斯基(Moussorgsky)等便是。歌曲作者弗兰兹(Franz)、有名的歌剧《卡门》(*Carmen*)的作者比才(Bizet),也是独身的音乐家。

韩德尔出入于英吉利的贵族之间,惯于奢华的社交生活。他的性质也许是不适于家庭生活的。贝多芬生涯中原有许多恋爱事件。但假定他结了婚,他的结婚生活一定非常苦恼而大有影响于他的艺术。舒伯特与女性差不多无关系,在音乐家中是极稀有的特例。平生只有一次恋爱,恋情又是极淡薄极短暂的。贝里尼与富家的妇人恋爱,寄食在那妇人的大邸宅中。然而结局是独身的、俊美的青年贝里尼与舒伯特同是夭死者，惟前者在裕福中，后者在贫困中，都抱了音乐而死去。勃拉姆斯只有少年时代略有一些浪漫故事，以后一直与世间的女性无关系，而终身与缪斯女神共生活。圣桑的独身生活，大致由于他的病体的原故。穆索尔斯基中年以后与二三妇人相亲近。但他喜欢饮酒，度送不道德的生活，故不曾有正式的结婚。

肖邦（Chopin）与柴科夫斯基（Tchaikovsky）的结婚生活，在音乐家中可说是特殊的例。肖邦与桑的结婚生活的情形，有很详细的记录，翻阅本书后章即可明白。惟柴科夫斯基的结婚生活的情状，后人所知很不详细。传记者称他的结婚为“神秘的结婚”。

在一切音乐家中，巴赫（Sebastian Bach）是模范的家庭人。他在二十二岁的青年时代就第一次结婚，生下七个子女。先室死了，又迎娶后妻，又生下六个男儿与七个女儿。故巴赫一共有子女二十人。有“西洋音乐的开祖”的尊号的大巴赫，不但在艺术上完成了千古不朽的伟业，在父亲的资格上也是一个稀有的豪雄。他为了担负这大家族的生活，终其生涯，直到目盲为止，身当教会的风琴家，又宫廷的乐长，一生未尝有休息的时期。

格鲁克的恋爱，发生于三十四岁的时候。当时正在维也纳，名声渐渐广大起来，常常出入于某豪商的家中。那豪商家中有一对欢喜音乐的美丽的女儿，格鲁克就对其长女结了恋情。但女儿的父亲是一个顽固的富翁，不肯把自己的女儿配给一个贫乏的音乐者，极力反对他们的恋爱。后来格鲁克赴他处旅行了，女儿的顽固的父亲在其间死去。格鲁克就回到维也纳，和那女儿结婚。结婚之后，他的生活也很平顺。

关于海顿、李斯特（Liszt，见后章）的恋爱与结婚，各评传中均有详细的记录。

音乐家中结婚生活最幸福的，要算舒曼（Schumann，见后章）与格里格（Grieg）。舒曼之妻与格里格之妻，都是深解艺术的人，前者是一个钢琴家，后者是一个声乐家，都能努力辅助她的丈夫，绍介他的作品。

写了许多题外的话，现在仍归到莫扎特。莫扎特结婚之后，夫妇二人都不知俭约，不能作系统的家庭生活，故贫乏一向不离开他们。然夫妇间的感情甚为投合，无论何时都能互相慰藉。有一天寒冬的朝晨，一个朋友去访问他们，看见莫扎特夫妇二人正在携着手舞踊。听说是为了没有钱买炭，故相携舞踊，以御寒冷。莫扎特的逸事真好像童话。

{六} 杰作与夭死

从千七百八十二年到莫扎特夭死的千七百九十一年，其间十年的结婚生活，在莫扎特是最有意义的时代。生活虽然贫乏，但其重要的作品都是在这短时期中产出的。歌剧方面，《费加罗的婚礼》（*Le Nozze di Figaro*）于千七百八十六年在维也纳初演。《唐璜》于千七百八十七年发表，《魔笛》（*Die Zauberflöte*）于弃世的一年在维也纳初演。器乐方面，奉献于海顿的六曲伟大的弦乐四重奏于千七百八十二年、八十三年、八十四年的三年中完成（莫扎特对于前章所述的海顿感情甚厚，故有此六大曲奉献）。以后数年中，大作络续[①]产出；为普鲁士的威廉二世所作的三曲四重奏，另有四曲最伟大的弦乐四重奏，以及最后的最成熟的三曲交响曲，都在这数年中完成。有名的《朱比特交响曲》（*Jupiter Symphony*）就是这三曲交响曲中之一。

千七百八十七年十一月，歌剧大家格鲁克死去。是年十二月七日，莫扎特被约瑟皇帝任用为宫廷作曲家，然俸金只有每年八百弗洛林（Florin）。千七百八十九年，他访问柏林的时候，威廉二世意欲招请他为宫廷乐长；莫扎特不肯就职，甘心于贫贱的作曲生活。

完成了大作《魔笛》之后，他倾注全部的精力在“安魂曲”（Requiem）的作曲上。千七百九十一年，晚秋叶落的时节，有一天他突然向他的妻说道：“我想为我自己作一首安魂曲。”

不幸这话成了事实。作了这安魂曲之后，莫扎特就倒在病床上。他的夫人又正在生病，带了病为他尽力看护。终于千七百九十一年十二月五日半夜一点钟光景命终。病名是慢性神经热。因为他平日一刻也不休息地继续作曲，又时时受贫乏的压迫，以致酿成这种病源。

葬仪的准备，由其友人史惟登男爵和两个男用人担任。次日，天下雨，参加葬列者，只有寥寥的数人。

他的夫人本来有病，经受一番悲伤，病势更重，躺在床上不能起身，所以也没有加入葬列。寥寥三四人的送葬者，在大雨之下草草地把莫扎特的尸体送到公共墓场，就各自散回家去。

---

① 陆续。

数日之后，他的夫人病起，亲自到墓场上来探望亡夫的遗骸。然而荒冢累累的公共墓场上，已不能辨别哪一棺是莫扎特的遗骨了。这样的神童，这样的大天才，而其最后悲惨到这地步，真是想象不到的事！

现在维也纳的广场中巍然地矗立着莫扎特的墓标与纪念碑。但这是假墓，地下并没有莫扎特的遗骨。

关于莫扎特的死，还有一说，与前述略有不同。千七百九十一年七月中，忽然有一个素不相识的男子，来请求莫扎特为他作一安魂曲，匆匆不言姓名而去。莫扎特这时候对于这种乐曲很有兴味，就开始为他作曲了。是年十二月四日，曲成。但这时候他自己的身体与精神都很衰弱，而求作曲者只管不来取这安魂曲。于是他起了疑心，这送葬曲究竟是为谁作的呢？他疑心这请求人是“死的使者”，就起了自悼之心。这天晚上他的灵魂竟离开了他的肉体而长逝。后来经人调查，方才知道请求他作安魂曲的人是当时某伯爵家的家仆。这伯爵意欲拿莫扎特的作曲来冒充自己的著作，故密遣这家仆来请求。不意这贵族的艺术家的诈伪的虚荣心，竟促成了这不世大天才的夭死！

｛七｝生活与艺术

莫扎特平时的态度，常常和平而快活。但无论在最高兴的时候，他的心中常在想念事物。无论正式对人谈话的时候，随便对人谈话的时候，总是心中一边想，一边说话。他走路的时候，默想更深。

朝晨，盥洗的时候，他决不立刻洗好，总是一边在室中漫步，默想，或对人说话，一边盥洗。他坐在食桌旁边的时候，总是用手卷弄桌毯的一角而默想，同时唇微微启动，似乎独自在说什么话。他的手和足不绝地在那里动作，有时抚摩什么东西，有时轻轻地叩打。例如自己的帽子、时表、桌子、椅子、钢琴，凡是手足所接触的东西，他总喜欢轻轻地抚弄。

剃头时，游戏时，甚至听音乐时，他的心中常在考虑自己的作曲。据他的夫人说，他的作曲同写信一样，旋律滔滔不息地从他的手上流出。《唐璜》的序曲，在开演的前一天还没作成，是在一晚中赶作起来的。想来这曲的腹稿一定早已蓄在他的胸中，那一晚不过写出而已。《唐璜》开演的前一晚，莫扎特通夜不眠，写完这序曲。

莫扎特的书翰文字并不讲究。他不看一切杂志，对于读书一向没有兴味。他的说话大概都是寻常的，除了二三特例以外。他的感情圆满而深厚，但缺乏意志的力。

他的行动完全像小孩子。关于自己一身的事也顾不周到。他的夫人每天早上替他穿衣服，进餐时替他切肉。结婚六个月后，他方才发觉自己的负债。自此以后他就做了维也纳的高利贷的老主顾。

莫扎特与前章所述的海顿感情很好。但二人的性质有相反对之处。海顿长于计算，于物质上很精明；莫扎特同他正反对，全然不懂计算，不事生产作业。这两极端相对照的二音乐家，在音乐史是很有趣的一对人物。然莫扎特的天才，决计为海顿所不及。全部音乐史上，没有一个人能匹敌这三十五岁夭死的莫扎特的天才。

看了莫扎特的生涯之后，回头再看他的作品，我们一定觉得非常的惊奇。那样辛酸的艺术家生活，与这样有生气的艺术作品，无论如何不能使人相信为一个人所有；然而又实在是不可分离的一个人的生涯与艺术。听了贝多芬的作品，感得其深刻的苦闷；听了肖邦的作品，感得其甘美的悲哀。他们的音乐都能历历地报告他们的生活的状况。只有莫扎特与他们完全不同，其生活非常悲惨，而其作品全无半点阴暗的气味，都像阳春一般流露着温暖的光，实在是不可思议的事。大概是为了莫扎特从摇篮里出来就亲近音乐，从小以音乐旅行为生活，音乐变成了他的精神生活的全部，故物质的困苦全然不能影响于其精神吧。在贝多芬，是贝多芬通过了音乐而表现其复杂的精神生活；在莫扎特却相反，是音乐通过了莫扎特而表现其美。换言之，莫扎特的音乐是艺术的艺术，贝多芬的音乐是人生的艺术。

贝多芬

Ludwig Van Beethoven

（1770—1827）

｛一｝英雄的贝多芬

贝多芬的内生活非常复杂。故其性格有各方面：一面是一个威严堂皇的英雄，一面是一个乱暴顽固的狂徒，又一面是一个情节缠绵的恋史的所有者。英雄、狂徒、儿女，他一人兼有这三种资格，他的内生活所以这样奇妙而复杂者，大约是因为他的心中怀着人生的大苦闷的原故吧。他的大苦闷的根源，实在于他所犯的悲惨的聋疾。音乐家与耳聋，是何等相克的仇敌！何况像贝多芬这样无限的大天才，竟遭逢了这惨酷的厄运！

但从他方面想来，贝多芬的聋疾，也许是促成其为古今第一的大乐圣的。语云："乱世出英雄。"贝多芬是克服了他的耳聋的惨酷的"命运"，而成就其英雄的人格的。

贝多芬有"波恩的英雄"的称号。因为他生于莱茵河流域中最古的都市波恩（Bonn）地方，而其人格与艺术非常伟大，为音乐上的"精神的英雄"。所以后人比之于同时代的政治的英雄拿破仑，说他们两人是十八世纪末叶欧洲二大英雄。

"波恩的英雄"的赞颂者，有这样的话：十八世纪末，欧洲出了一大英雄，生于科西嘉孤岛，乘法兰西革命风云即皇帝位，威力震撼全欧罗巴的拿破仑的大名，是读过西洋史的人所不能忘却的。然同时在德意志又出一位比拿破仑更伟大的精神的英雄，我们决不可以忘却。其人就是贝多芬。

有人称赞近世法兰西大文豪雨果（Victor Hugo）的杰作小说《悲惨世界》（*Les Miserables*），谓："拿破仑的名字有时被人忘却，雨果的名字不会被人忘却了。现在我们读了荷马（Homer）的诗，方知当时有英雄亚希辽斯①其人；同样，千载以后的人们，将读了雨果的小说而方知当时有拿破仑其人。”

关于贝多芬与拿破仑的比较，也可以套用这说法。在今日，贝多芬的《第三交响曲》(《英雄交响曲》，*Symphonie Eroica*）原是为了奉献于拿破仑而特别有名的。但在千载以后，拿破仑之名将仅因与《第三交响曲》的关系而留存在音乐者的脑际了。

艺术家的事业，不像将军或政治家的事业炫耀人目。艺术上的英雄的勋业与通俗的英雄的勋业不同。正如所谓“待知己于千载之后”，艺术家在世的时候所得世间的报酬往往极少，其大部分的收获得之于后世。

贝多芬的艺术，在其存世的期间果已受世人认识与礼赞；然而这一点岂足以酬答贝多芬的一生呢？在贝多芬的时代，倘有人拿他的伟大来比拿破仑，或拿他的一曲交响曲来比拿破仑的全欧征服与法典制定，世人必指为狂者之言，而非笑之。

然在今日冷静地想来，贝多芬所遗留的作品，比较起拿破仑所遗留的事业来，对于人类精神生活上的贡献丰厚得多。假如没有了一个拿破仑，今日世界的地图——至少欧洲的地图——的色彩也许不是这样。然地图上的色彩无论甚样，人类的思潮总是向了当行的方向而前进的。但倘缺少了一个贝多芬，《第三交响曲》《第五交响

① 现通译作阿喀琉斯，系荷马史诗中的英雄。阿喀琉斯是凡人珀琉斯和貌美仙女忒提丝所生之子，作战英勇，刀枪不入，脚后跟是其唯一弱点。

曲》以及雄大的《第九交响曲》将永不出世了。

“人生短，艺术长。”故拿破仑可以被忘却，但贝多芬永远不死了。

贝多芬的伟大，决不仅在于一个音乐家。他有对于人生的大苦闷，与精练的美丽的灵魂，他是心的英雄。他的音乐就是这英雄心的表现。

在贝多芬稍前的时代，欧洲乐坛上的大圣是莫扎特。然莫扎特的音乐的价值，毕竟止于一种“音的建筑”，即仅因音乐的“美”而有存在的意义而已。至于贝多芬，则更有异彩，他的音乐是他的伟大的灵魂的表征。

莫扎特的音乐是感觉的艺术，贝多芬的音乐是灵魂的声响。

贝多芬的生涯中，遭逢着耳聋的最惨酷的厄运，他的后半生全是对这厄运的苦战。音乐家遭逢耳聋的厄运，这是何等惨酷的致命伤！倘没有伟大的精神，当然一定屈服在这厄运的足下了。然而贝多芬决不屈服，誓志与这命运作战。终于克服了这命运，而表现其英雄的伟业。他的全生涯中最伟大的作品《第九交响曲》，是全聋后的所作。聋子能作音乐，已是妙谈；而况所作的又是世间最伟大的杰品！可知这全是超越的灵的产物，只有能超越人生的大苦闷的精神的英雄，乃能得之。又可知命运对于人类，只能操纵怯弱懦夫，而无可如何这伟大的精神的英雄。

贝多芬的聋疾起于二十八岁的时候（一七九八年）。自此至五十七岁（一八二七年）逝世，其间的二十余年的日月，全是聋疾为祟的时期。然而大部分的作品却在这时候中产生。直到入了全聋期，站在演奏台上听不见听众的拍掌声的时候，他仍是继续作曲，终于作出了最伟大的《第九交响曲》而搁笔。临终的时候，他口中还这样叫叹：

“唉！我只写了几个音符！”

在这句话中可以窥见他的抱负的伟大。

贝多芬的第五交响曲标题为《命运交响乐》(*Fate Symphony*)。贝多芬自己曾经指这曲的第一乐章的第一主题说：

“命运来叩门的声音，正是这样的。”

这曲的第一主题力强而凶恶，可以使人联想命运的不可趋避的威力。第二主题用哀怜的旋律，描写避虐的人类。这两主题的对立，就是命运与人生的对立。第二乐章描写人对于命运的一时的胜利的欢喜。第三乐章是第二次来袭的命运的威胁。第四乐章是人类得到了最后的胜利的凯歌。这是人类与命运的葛藤的音乐化，也是贝多芬自己的英雄的生活的写照。

{二} 狂徒的贝多芬

贝多芬对于世故人情，疏忽得很，又往往专横独断，藐视一世。表面看来简直是一个狂徒。所以除了能十分理解他，原谅他的人——他的保护者——以外，贝多芬没有知交的朋友。且对于所寓居的旅舍的主人，常常冲突，至于激裂，故一年中必迁居数次。评家形容他这横暴的性格，有这样的话：

贝多芬是独自生长在无人的荒岛上，而一旦突然被带到欧洲的文明社会里来的人。

这话把贝多芬的一面说得十分透彻。自来艺术家往往有浪漫不拘的行为，而贝多芬竟是一个极例。当时欧洲有名的钢琴家车尔尼（Czerny）有一天去访他，看见他耳上缠着重重的纱布，蹲伏在室内。车尔尼回出来对人说：

“这人不像欧洲第一大音乐家，倒颇像漂流在荒岛上的鲁滨孙。”

他常常用棉花蘸黄色药水，塞在耳中，外缠纱布。他颚上的须常常长到半寸以上。头发似乎从来不曾接触过梳栉，麦束一般地矗立在头上。他曾经为了一盆汤做得不好，大动怒气，拿起来连盆投在旅舍主人的身上。他常常拔出蜡烛的心子来当牙签用。又在上午，街上正热闹的时候，穿了寝衣，在靠街的窗口剃胡须，不管人家的注目与惊讶。有一次为了动怒，拿起一个开盖的墨水瓶来，投在钢琴的键盘上。他弹琴的时候，因为长久之后手指发热，常常在钢琴旁边放一盆冷水，弹到手指发热的时候，就把两手在冷水中一浸，然后继续弹奏。然而他的动作很乱暴，每逢弹一回琴，必洒一大堆的冷水在地板上。这冷水从地板缝中流下去，滴在楼下的住人的寝床中。楼下的住人诘问旅舍主人，旅舍主人对贝多芬说了几句话，贝多芬就动怒，立刻迁出这旅舍。所以他每年迁居好多次。有一个贵族怜悯他没有安居的地方，劝他移居到他的邸宅中。贝多芬不允，回答他说：

“移居你的宅中，不如住在旅舍里好。”

他有时虐待他的学生，有时把乐谱撕得粉碎，把家具打破。更有过分的戏谑：有一个崇拜他的贵妇人向他要求一束头发，以作纪念。贝多芬剪一绺山羊须送了她。

贝多芬的姿势极为丑陋。头大，身短，面上不容易有笑容，动作又极拙劣。有一次他也想学跳舞，然而他不会按了拍子而动作。据传记者说，他的相貌的表情常是冷酷而苦闷。身长五尺四寸，肩幅极广，面上多痘疮疤，脸皮作赤茶色而粗糙，鼻硬而直。指短，且五指长短略等，手的背面长着很长的毛。头发多而黑，永不梳栉，永不戴帽，常常蓬头出外散步。起风的日子，他的头发就被吹得像火焰一般，人们在荒郊中遇见他，几疑为地狱中的恶魔。

贝多芬中年以后的生活，常是这样奇矫。只有初出社会的少年时候，曾有规则整齐的生活。然而这真是暂时的。自他的声名传播于社会上之后，他的生活就落拓而奇矫起来。据说他二十六岁旅行维也纳的时候，曾以波恩宫廷奏乐者的身份，穿绿色的燕尾服，绿色的短上衣，和白花纹的背心，袋口施以金线的装饰；项中结着白色的领结，卷曲的头发打成辫子；腰间佩剑，足踏长靴和白色的绢袜，真是一个威仪堂堂的少年。然一到维也纳，这种服装就永远离开他的身体。从此声名愈高，而生活愈加放浪奇矫了。有一次他新雇一仆人。这仆人看见主人的生活全无规则，更惊诧于主人的头发的散乱，就好意劝请：

“先生，我很懂得理发呢。”

主人听了，怒气勃发，用旭日一般的火势向他叱詈：

“什么话！你以为我的头发不整齐么？这有什么关系！”

凡此种种强顽怒暴的习气，都是因了他心中所怀抱的大苦闷而来的。而他的苦闷的源泉，全在于他所罹的聋疾。请听他自己对于这聋疾的悲叹声：

“噫！我的悲惨的残年！我不得不与最爱者告别了！这是何等残酷的天罚！”

他的日记中又有这样的记录：

> 可怜的贝多芬！你已经不能再有从外部来的良好的命运了。你一切非自己创造不可。只许你在理想的世界中追求欢乐。

为了有这苦闷，所以一方面他是爱的饥荒者，所以他不得不向异性求爱。请再看他的恋爱的生活。

{三} 儿女的贝多芬

贝多芬是英雄，又是狂徒。然而这威武庄严的英雄又强暴顽固的狂徒，一面又富有儿女的柔情。故其生涯中又充满以情节缠绵的恋爱故事，其一生的恋人可列一览表，其作品有许多与女性有关系。一般最知名的《月光曲》（*Moonlight Sonata*），便是写出其恋爱的衷情，以奉献于其所恋的女人的。

一般人听到“贝多芬”三字，容易发生敬仰与严肃的感情。尤其是他的崇拜者，竟把他看作位于基督之次的大圣人。据他们的所见，人类的伟大的牺牲的精神，除了十字架上的牺牲者以外，第一要推这超人（贝多芬）的悲惨的一生了。这样崇高、伟大、严肃、悲壮的超人，居然也有这样温暖而丰富的恋爱史。贝多芬的内生活的复杂，真令人不可思议。

贝多芬要是没有聋病，因而没有诸种不健康与忧郁病，他也许会结婚了。这惨酷的灾殃没有降到他的身上以前，他对于异性颇有吸引力。遭逢了这悲痛的命运以后，他也常被这力所征服。

据传记者说，贝多芬对于异性非常敏感，他常常用了羡慕不堪似的眼色，注视美丽的田舍姑娘。他最欢喜看妇女的集会，尤其是美丽的少女们的团体。他出门的时候，在路上遇到了姣好的女子，必然立停了脚，连忙拿出眼镜来戴上，出神地仔细观看。及其注意到了同行的伴侣，方始觉醒，对他的同行的伴侣一笑，默然地点头。然而他的热情往往不能永续。所以他不绝地对人发生恋爱，而每一次都不过几个月就分手。

据说有一次他和一很美丽的妇人发生了恋爱，情感比较的厚。友人问他关于这妇人的事，他回答说："那女子使我欢喜，最为长久，已经六个月了。且比别的女子真心地爱我。"

他的学生理斯平日最亲近他，有许多关于他的先生的生活的记录。他曾经对人说：

"我寓居在有三个美丽的少女的裁缝店里时，贝多芬先生的来访最勤。"

贝多芬一生终于未曾结婚。然而在未到绝望的期间，他也曾热心地盼望得一最美的模范的女性为自己的所有者。他曾经这样叫叹：

“爱！只有爱能使我幸福。神啊！请在贞洁的道上给我一个看护者，给我一个可正式称为我自己所有的人！”

这热望在数年之间不离开他的心。

贝多芬的生涯中的最强烈的情绪，是为了所谓“永远的恋人”而发露的。这所谓“永远的恋人”是甚样的人？传记者传说不一。关于这件事的年代，也有种种的不同，均不十分确切。普通的解说，这永远的恋人是一八〇六年曾与贝多芬订婚的美人推丽萨（Teresa Von Brunswieck），其事大约在贝多芬三十岁以后的时代。贝多芬死后，别人在他的遗物中发见三封未发的情书，都未具受信人姓名。书中充溢着非常的热情。据多数贝多芬研究者的考证，这等情书是对“永远的恋人”推丽萨而写的。

然而贝多芬的热情的发露，不仅对于这永远的恋人而已。中年的他，不绝地经验热狂的恋爱。

据传记者说，贝多芬对于恋人的态度实在猛烈得很，竟可说是滥用其力。这倾向在他少年期中早已发露，他向来是感受性极强的人。又如某博士之言，自一七九四年至一七九六年的两年间，贝多芬住在维也纳的时候，不绝地对人发生恋情。且其对手的女子，大都是身份极高贵的处女。多数的美少年及贵族子弟所求爱而不能到手的女子，一遇到贝多芬就容易被他勾引。现在列举有名的数件恋事在下面。

贝多芬十七岁丧母。后来他对波恩的一个寡妇勃洛宁格（Breuning）非常交好，视同继母一样。勃洛宁格家有一个聪明伶俐的女儿，从贝多芬学习音乐，后由女弟子变成了爱人。她的赠物曾经诱出贝多芬不少的眼泪。公刊的《贝多芬书简集》中含有几通给这女儿的言情的信简。他称呼这女儿为“小云雀”，珍重地保存她的半身像。这像在他五十六岁的时候曾经偶然发见。

波恩有一个名叫罗佩德的、饮食店里的女子，也曾牵惹贝多芬的热爱。贝多芬常常到这店里饮食。他离去波恩之后，一年必有两次写信给这女子。后来这女子与某伯爵结婚。

又有一个金发碧眼的可爱的少女姜纳德，也在这时期前后满足了贝多芬的好奇心。这少女是贝多芬的女弟子。她坐在贝多芬的身旁弹奏钢琴的时候，常使贝多芬神魂飘荡。这少女的一颦一笑，都曾劳贝多芬的心思。但不幸这如蜜的经验也不能永续。原因是有一个恋爱竞争者。这男子性行很不好，屡在恋人面前毁坏这青年音乐家。贝多芬也就决心断绝了这段因缘。

此后一时期中，贝多芬有许多零星的恋爱故事，实在可列个一览表；现在姑且历述在这里：有一个女子名凡斯推尔霍尔特的，贝多芬对她演了“少年维特”式的恋爱。又有一女流声乐家名维尔孟的，贝多芬从小时候亲近她，这时候也对她起了恋情。然而那女子嫌贝多芬相貌丑陋又性情疯狂，拒绝了他。还有一个受教育的美貌的女郎名凡林格的，当时也曾为贝多芬的慰藉者。后来也终于和别人结婚。又有玛尔华谛，一个气爽的乐天的女子，曾留情于贝多芬，且二人间曾有婚约。然不久也就背弃他。临别时贝多芬有情深的书简写送这女子。又有罗爱侃尔，起初爱着贝多芬，后来也舍弃了他，和当时的钢琴家洪梅尔（Hummel）结婚。又有女钢琴家谋丽尔，用情书和赠品慰藉贝多芬，后来也委身于别的男子。西班牙意大利的混血儿提亚那培乔，也是可列入贝多芬恋人一览表中的人物。这女子的日记公刊于世，据其日记中所记，她曾经热爱贝多芬，愿为贝多芬之妻。这一次是贝多芬舍弃她的。又有贵妇人马丽·彼德，是一优秀的女钢琴家，曾经蒙老音乐家海顿的赞美，贝多芬更倾心于这女子。她曾经用微妙的手法演奏贝多芬的《热情奏鸣曲》（*Appassionata*），贝多芬送她亲笔的手迹，以表示感谢之意。这手迹后来由女子的丈夫赠给巴黎音乐院，现在还保存在那里。此后五年，又发生对勃伦塔娜的艳事。这女子是当时德意志第一流的文人，曾经为大诗人歌德的恋人。她十分崇拜贝多芬，指他的前额，说是“天赐之宝”。贝多芬亦留情于这女子，曾给她三封热情的书简。书中有这样的话：

> 我倘得如歌德地常亲近于你的左右，或可作出比他更伟大的著作。音乐者本来是一诗人。音乐者的一双眼的魔力，能够达到超越演奏者的美的世界……

贝多芬对于这女子，视为“最爱最美的恋人”。然而后来他终于不得不写诀别书送她。书中有“怜我的命运！”“和泪草此告别之辞”

等伤心语。此后经过七年，贝多芬又落入新的恋爱。这一次的对手是一个名叫玛丽哀的柏林的少女。这时候贝多芬正在作《第八交响曲》。恋爱与作曲同时并进。然这回的恋爱，不复有像青年时期的热烈的情火，在他只感到欢喜与幸福而已。贝多芬曾为这女子作歌谣《赠远方的恋人》，又赠她一束头发为纪念。这头发现今尚由女子的子孙们珍藏着。

贝多芬一生的恋爱故事，见于记录者大致如上。在音乐家中，他的一生涯最富于恋爱的短篇。他的一生真是所谓“不息的恋”（“Restless Love”）。恋的欢喜与悲哀常为他的作曲的动力。

以上所述，是贝多芬的生活的三个横断面。以下请再略谈贝多芬的生活中的故事。

{四} 狂岚的少年期

贝多芬的父亲是一个酒徒。他看出了幼年的贝多芬的音乐的天才，就严格地督察他练习；然其目的是想养成一个神童，效仿莫扎特的前例，赴各地开演奏会，换得金钱，以补助他的生活，满足他的酒欲。这是很不慈爱的父亲。他的严格督课，出于物质的欲望及自私心。幼年的贝多芬刻苦弹琴，不得游戏，且常常受父亲的鞭笞。晚间的来客，常常看见四五岁的贝多芬落泪在钢琴的键盘上。

千七百七十八年三月二十六日，科隆的报纸上果然登着“六岁小儿音乐演奏会”的广告了。然而这又是父亲的恶劣的手段：贝多芬生于千七百七十年十二月十七日，则千七百七十八年正是八岁的时候。父亲有意少写两岁，以惊听众，且作广告。故贝多芬四十岁以前，其年龄一直少算两岁，四十岁的时候查明了父亲这个手段，方才改正。

贝多芬幼时的音乐课业上有充分的指导者。当时的宫廷风琴师纳斐，是贝多芬的最初的有力的先生。贝多芬很感德这先生，他在写给这先生的信上曾有这样的话：

"将来我倘能成为大家，全是先生的所赐。"

贝多芬十七岁，即千七百八十七年春，旅行到维也纳，在那里与前辈大家莫扎特相见。贝多芬少年时有莫扎特的神童性，而没有像莫扎特幼时的美少年的风姿。莫扎特初见这少年的演奏的时候，并不十分感动。后来他选一主题，命贝多芬试据这主题弹一即兴曲。贝多芬立刻把这主题展开，在琴上弹出一个流丽的乐曲。莫扎特听了方始大为感叹，指着少年的贝多芬叫道：

"大家注意！将来骚扰世界的必是这少年！"

贝多芬对于莫扎特也十分敬佩。有一天，他偕了朋友钢琴家克拉马，到维也纳公园中散步。公园中的音乐队正在演奏莫扎特的《C小调协奏曲》(*Concerto in C minor*)。贝多芬倾听了一会，呼他的朋友，对他这样感叹：

"克拉马！克拉马！我们到底作不出这样的音乐呢！"

贝多芬在幼年期与少年期中，饱尝贫困与患难的况味，其生活犹如在狂岚中。然而当时也被他找到几处狂岚中的休息所。这休息所就是波恩的勃洛宁格夫人的家中，勃洛宁格夫人有着四个儿女，年事都比贝多芬幼小。贝多芬丧母以后，就在勃洛宁格家中当音乐教师，夫人爱待他同慈母一样。夫人的女儿爱丽诺利和贝多芬发生恋爱关系，就在这时候。勃洛宁格家不但是贝多芬所最亲近的休息所，又在这家中获得了关于文学的知识。因为夫人及其二子都是诗的爱好者，贝多芬教他们音乐，他们也交换地教他诗文。

贝多芬的狂岚的少年期中，还有一个给他精神上又经济上的援助的恩人，是华尔斯坦（Waldstein）伯爵。贝多芬的奏鸣曲作品第二十三号，便是奉献于这恩人的。故此曲又名《华尔斯坦奏鸣曲》（*Waldstein Sonata*）。

贝多芬少年时曾从老大家海顿学习音乐。然而海顿的旧式的乐风与贝多芬的奔放的天才终于不能调和，故师弟的情缘不甚深切。有一次贝多芬发表一乐曲，海顿问他为什么不具名为“海顿弟子贝多芬作”，贝多芬回答他说：

“因为我没有从先生学得什么。”

从此二人丧失了感情。然而贝多芬对于艺术家的海顿，仍是很敬仰的。后来海顿的杰作神剧《四季》（*The Seasons*）在维也纳演奏，海顿已经年老，且有病，过于感激，晕倒在会场上的时候，贝多芬从听众中挨出，上前扶持他，热烈地吻他的手。

｛五｝苦恼的袭击

贝多芬在千七百九十七年的冬日的日记簿中这样记录着：

告奋勇！身体无论甚样弱，我的心一定要征服他。我今已二十五岁了。我必须尽我所能，成遂一切愿望。

写了这段日记之后，不久就达到了剥夺他的后半生的幸福的肉体上的大苦痛。

他的聋疾发生于千七百九十八年的夏日。

贝多芬的艺术生活，在十八、九两世纪的交代期起一大变化。即以前是海顿与莫扎特的影响的时代，以后是自己的乐风独立的时代。十八、九两世纪之交的数年间，贝多芬正在埋头于作曲中，对于自己的健康状态差不多全不注意。因这原故，耳疾的进步愈加快了。到了千八百〇一年，他在剧场中必须坐在第一排椅子上，方能听见歌手的唱声。

他在写给一个知友的信上这样说：

你所亲爱的贝多芬，完全是一个不幸的人，他已经在和自然与神相冲突了！我常常诅咒神明。因为神明在拿他的所造物来当作自然界的极细微的事故的牺牲品。又在破坏人间可成为最美的事业。我所最宝重的耳，今已听不出大部分的音了。这是何等可悲的人生！我所亲爱的一切事物，今已离去我了。像从前的没有耳病，是何等的幸福！倘得与从前一样地健听，我真要立刻飞奔来告诉你。然而我决不能得到这欢喜了！我的青春已经长逝，青年时代的希望的实现，艺术上的欲望的完成，

在我都已不可能，我只得悲极而放弃我的一生了。……

到了次年，即千八百〇二年，他的耳疾更加深起来，又常常耳鸣。他是自然爱好者，野外散步是他的最大的安慰。这时候他到野外，听不出农夫的吹笛的音响，顿时又起悲观，写了“遗言”寄送朋友。然而他终于是强者，用不屈不挠的态度，来同这聋疾战斗。他曾经对人说：

“我一定要克制我的命运。”

从此以后的生活，全部是对于聋疾的苦战了。千八百〇九年，拿破仑军队侵入维也纳，炮弹飞走空中的时候，贝多芬恐怕炮弹的声音增进他耳疾，用两手指紧紧地塞住自己的耳孔，满腔忧闷地躺在床上。

聋疾是贝多芬的生涯中的一大悲哀。他的作品常是生活的反映。他能在黑暗中打出光明。故在贝多芬，音乐是苦恼的赴诉处，同时又是苦恼的逃避所。

{六} 《月光奏鸣曲》

《月光曲》（*Moonlight Sonata*）有动人的传说，因此为一般人所爱听的最普遍流行的乐曲。

据说贝多芬有一晚在波恩郊外散步，忽闻乡下人家有弹钢琴的声音。停足倾听，所弹的原来是他所作的《F 调奏鸣曲》。他想一探这奏者是甚样的人，为这好奇心所驱，他就走近琴音所自来的窗下，向窗中一窥，原来是一个盲目的可怜的少女，在一架破旧的钢琴上弹他的音乐。旁边有一个男子正在灯光下做皮鞋工作，这是一个皮鞋工人的家里。贝多芬见了这奇特的情状，就推门进去。那男子起来招待他，他不说姓名，但说来听弹琴。那男子告诉他说：这盲目女子是他的妹，一向爱好音乐，苦于没有先生教导。只是常常听见隔壁的贵族家弹奏当代大音乐家贝多芬先生的名曲，故能谙记。贝多芬听了这番话，大为感动。忽然夜风吹灭了烛火，月光从窗中侵入，恰巧照在那盲目女子的身上和钢琴的键盘上。贝多芬睹此清幽的景况，乐想勃然发动，就对那兄妹二人说：

"我为你们弹一曲。"

即座就弹出这《月光奏鸣曲》。弹完之后，那兄妹二人方始晓得他就是贝多芬，正欲挽留他再弹，贝多芬已起身不辞而行，飞奔回家，连夜在五线纸上写出其乐谱；就是现今流传于世的不朽的名曲。

关于《月光曲》的传说大意如此。为了有这浪漫的逸话，故《月光曲》在贝多芬的音乐中是最为脍炙人口的作品。然而传说只是传说，未必一定是关于这曲的制作时的实情。据考察，给这曲以直接的动机的，是左伊美的诗《祈祷的少女》。这曲编制为作品二十七号的第二首，升C小调奏鸣曲。当时贝多芬自己曾有这样的话：

"我在度送可怜的生活。我常在诅咒我自己的生存。倘使我能够，我一定要对命运提出反抗的宣言。然而又时时感到自己是神的最不幸的创造物。"

可知《月光曲》也是贝多芬的苦恼的心的写照。

又有一说，这时候贝多芬正在和一个从意大利迁居来的伯爵的女儿朱丽叶发生恋爱。朱丽叶是一个十六岁的姣美的处女。贝多芬对于这女子的恋情，燃烧一般地充溢在心中。《月光曲》就是描写这热恋的心，而奉献于这女子的。贝多芬对于这女子曾经希望结婚的幸福；然而世间的习惯，不许可贵族的女儿与一贫乏的音乐者结婚，故这希望终于成为梦想。贝多芬是一个热情者，同时又是一个像清教徒一样的严守节制的人。其对朱丽叶的热爱，就转化而为《月光曲》的音乐。这一说似乎是确实可靠的。因为这曲的第一版中，分明刊着“奉献于朱丽叶·朱西阿尔提（Giulietta Giucciardi）”的字样。后来《月光曲》的传说出世，以后各版就不复添注这一行字。世人就一直把这曲当作月光描写的音乐。

传说是怎样起来的？《月光》的标题对音乐有否妨害？这是好乐者所必然要想起的疑问。

据考察，《月光》的标题是出版业者所擅定的。出版业为了这乐曲的标题《作品第二十七号，升C小调奏鸣曲》不容易牵引人的注意，故擅定标题为《月光》。然这擅定也不是完全无理的。因为这曲的第一乐章朦胧，颇像月的初升的光景。第二乐章清朗，如皓月之悬于太虚。最后一章激烈，如午夜的狂岚。故标题为《月光》，也勉强可以符合，没有十分乖谬的地方，且标题可引起一般人对于音乐的兴味，所以音乐者亦任其沿用这名称。

但这是普通的见解。俄罗斯近代大音乐家鲁宾什坦（Rubinstein）

就指摘《月光曲》的标题与音乐的不符。曾有这样的意见：

音乐上加以标题的办法，原是出版业者为了便于公众探检乐曲题名而要求作家冠用的，故不妥的甚多。例如“夜曲”(Nocturne)、“浪漫曲”(Romance)、“即兴曲”(Impromptu)、“随想曲”(Caprice) 等标题，都固定不变地印刷着，但未必每曲与内容相符。标题中最荒唐最滑稽的，莫如贝多芬的《月光曲》。即此一例，可以充分说破一切标题的不妥。在音乐上说来，月光要用朦胧的、梦想的、平和的、温静的表现法。但这升 C 小调奏鸣曲的第一乐章完全是悲哀的，凡属小调乐曲，大都是悲哀的。到了最后的乐章，变成狂暴的、热情的。这与月光的平和完全相反对。只有短促的第二乐章，可说有表示月光的一瞬间，此外全然与月光无涉。而《月光奏鸣曲》的名词竟普遍流行于全世界，一般的好乐者都牵强附会地把全曲认为月光的描写，岂非可笑的事。

音乐艺术的性质过于抽象，故对于乐曲的内容的批评，往往多歧异之说。然月光曲的标题，不是作者自己所定，确系后人附会而设，已不容疑议。贝多芬自己的笔记簿中，关于这曲这样记录着：

Op. 27，No.2, Sonata Quasi una Fantasia

即“作品二十七号第二首，幻想曲风奏鸣曲”。并未说及月光，更无故事的记录。又这曲的初版上有附注“奉献于朱丽叶”字样。这样看来，这曲可确认为描写恋的烦恼的幻想曲风奏鸣曲。

{七}《英雄交响曲》

千八百〇二年秋，拿破仑战争获大胜利。贝多芬得知了这消息，说道：

“可惜我不能像理解音乐一样地理解战术。倘我能理解战术，我一定要去打倒这拿破仑。”

可知贝多芬对于英雄拿破仑的事业是怀着很深的印象。

贝多芬与当时有名的小提琴家克罗采（Kreutzer）颇有交情。有名的《克罗采奏鸣曲》（*Kreutzer Sonata*）就是奉赠于这人的。克罗采与驻在维也纳的法国公使相知。这公使因克罗采的介绍来见贝多芬，托他作一曲赞美拿破仑的勋业的交响曲。

贝多芬当时的确敬仰这大英雄拿破仑，就答允了他的请求，开始作曲。然作曲时时间断，直到了千八百〇四年而作成，即有名的《英雄交响曲》。贝多芬是柏拉图的《理想国》的爱读者，知道拿破仑的革命目的在于为法兰西人求自由，而实现共和政治，心中十分崇拜，就把作成的交响曲加以装潢，又在封面上题了：

“奉献于英雄拿破仑”数字，拟请那法国公使转呈于拿破仑。

不料这一年拿破仑自己即了皇帝位。贝多芬得知了这消息，大为失望，愤慨地骂道：

“想不到这家伙也只是一个凡庸之徒。目今他将逞其野心，蹂躏一切人类的权利了。”

就把新装成的《英雄交响曲》撕得粉碎，抛在地板上。不愿意发表这乐曲了。然而这是很优秀的作曲。他的朋友们知道他不肯发表，并且已撕破了，大家非常惋惜，终于劝请贝多芬，说拿破仑虽然变节，不足承受这赞美，然这曲原是为一理想的纯洁而勇武的英雄而作的，没有毁坏的必要。贝多芬依了他们的请愿，把这曲改题为《为一伟人而作的英雄交响曲》，于次年十月出版。这就是现今知名于全世界的《第三交响曲》或《英雄交响曲》（*Symphonie Eroica*）。

后来拿破仑被放逐于圣希列拿岛上，而达到悲惨的最后的时候，贝多芬冷笑地说道：

“我已经为他的没落作曲：《英雄交响曲》的第二乐章的《葬礼进行曲》不是在十七年前暗示了他的命运吗？”

这是关于《英雄交响曲》的有名的逸话。于此可见贝多芬立志高洁。无论为政治家，为艺术家，立志的高下是人格判断的第一标准。这样看来，欲称颂贝多芬为心的英雄，而拉拿破仑来作比拟，其实反而委屈了贝多芬。

贝多芬一生共作九大交响曲，其中有三曲附有标题。即第三，《英雄交响曲》；第五，《命运交响曲》；第六，《田园交响曲》。

《英雄交响曲》为了有这和拿破仑有关系的逸话，故特别有名。许多音乐批评者根据了这逸话，说这交响曲是贝多芬的“拿破仑观”的表示，作种种解说。然这曲究竟是否拿破仑的性格行为的音乐化，实在是一疑问。这交响曲的第二乐章为《葬礼进行曲》，其次为颇有活泼气象的诙谐曲（Scherzo）。为什么在《葬礼进行曲》之后继以这诙谐曲，是多数音乐批评者的问题。倘使果如标题所示，其《葬礼进行曲》是暗示拿破仑的没落的，那么这交响曲全曲的解说就非常困难了。其实对于音乐，本不可作这样具体的解说。

关于《英雄交响曲》的种种解说中以下面的一说最为妥当：

所谓"英雄"，并非确指像拿破仑的军事的、政治的英雄，而是"精神的英雄"的意思。这曲第一乐章 Allegro 描写英雄的力、英雄的活动。第二乐章的《葬礼进行曲》，并非取"葬礼"的文字的意义，乃乐曲的形式的一种名称。这是描写英雄临到悲剧的危机，因此得切磋磨练而造成其圆满的人格。第三乐章的诙谐曲（Scherzo），描写超越了悲哀的英雄的快乐。第四乐章"终曲"（Finale）描写英雄一生的全体。

{八} 永远的恋人

贝多芬死后，他的朋友史谛芬·勃洛宁格（Stephan von Breuning）在他日常使用的大而旧的桌子的秘密抽斗中发现三封未曾寄发的情书。书中记录着热烈的恋情，三封信都很长。信的最后有这样的结尾：

永远是你的，

永远是我的，

永远是我们的。

但信上没有写明年月日，又没有受信人姓名住址。这究竟是给哪一个女子的情书，常是贝多芬研究者的疑问。据多数的研究者的考究，受这信的女子就是受赠《月光曲》的朱丽叶。然据某研究者说，这几封信确系千八百〇六年的夏日在匈牙利的温泉场附近时所写的。这地方是贝多芬的友人勃伦史微克伯爵的别邸所在地，贝多芬常在那别邸中避暑。伯爵的女儿推丽萨的油画肖像，后来曾在贝多芬的遗物中被发现。这肖像上有推丽萨的亲笔的记录：

奉赠于稀世的天才，伟大的艺术家，善良的人。

——T. B.

“T. B.”就是推丽萨·勃伦史微克的略写。

贝多芬与勃伦史微克伯爵交情甚深，千八百〇六年，伯爵的女儿推丽萨曾与贝多芬订婚。有名的《热情奏鸣曲》(*Appassionata Sonata*) 就是奉赠于这伯爵的。

关于《热情奏鸣曲》的制作，有一段可以表明贝多芬的作曲习惯的逸话。现在乘便记述在这里：贝多芬有一天和他的学生一同去散步，途中忽然感到一个乐想，他口中不绝地独语，又常作出高低各种的音。他的学生问他为什么这样，他回答说：“我想到了近作的奏鸣曲的终曲的 Allegro 的主题。”散步之后，学生同到先生家里来学习音乐。二人同入室中，贝多芬不脱帽子，立刻跑到钢琴旁边去，出神地弹奏，竟忘记了同来的学生。这学生见他出神地在作曲，只得默默地坐在屋角里的椅子上。好久之后，贝多芬才自觉，看见这学生坐在屋角里的椅子上，大吃一惊，问他："你什么时候来的？"

这《热情奏鸣曲》是作品第五十七号的 F 小调奏鸣曲。还有作品第七十八号的升 F 调奏鸣曲，是奉赠于这"永远的恋人"的。

贝多芬在与推丽萨恋爱期间，作第五交响曲与第六交响曲。第五交响曲即《命运交响曲》(*Fate Symphony*)，这是人类对于命运的战斗的描写，在贝多芬的交响曲中为最代表的最优的作品。

关于这第五交响曲，也有一段逸话：非常尊敬贝多芬的法兰西音乐家柏辽兹，有一次同了他的先生罗修尔去听贝多芬的第五交响曲。演奏完毕，二人散出会场的时候，罗修尔为了过于感动，感觉昏乱，欲戴帽子，连头的方向都忘记。次日，他对柏辽兹说："那音乐好极了。那样的音乐实在不应该多作！"柏辽兹回答他说："先生，请放心！谁能作许多那样的音乐呢？"

第六交响曲即《田园交响曲》(*Pastoral Symphony*)，描写田园的风景，分五个乐章，历历写出五幅图画：一、在田园的愉快感受；二、溪畔景色；三、田舍的飨宴；四、雷雨；五、雷雨后牧人的感谢歌（后三章并为一章）。故为有名的"音画"（Tone-picture），为现代标题音乐（Program Music）的先驱。

这些名作，都是和推丽萨的恋爱时期中作成的。这回的恋爱生活，在贝多芬的精神上非常愉快，过后也有许多甜蜜的回忆。这时候他住在推丽萨家中。有一个星期日的晚上，晚餐后，月光流照室中的时候，贝多芬坐在椅子上，徐徐地把两手放在钢琴键盘上，暂时不动。这是他演奏时的前置的动作。推丽萨懂得他的习惯，看见他两手放在键盘上，就静静地等候他的演奏。不久他的左手弹出几个低音的和弦，徐徐地奏出巴赫一个乐曲。

次日朝晨，二人在庭中相见的时候，贝多芬十分愉快地对推丽萨说：

“我想再作一曲歌剧呢……我从来不曾感到像今天这样的幸福。我在自己的周围，自己的心中，都感到光辉与纯洁……”

贝多芬在推丽萨家中滞留的期间，经验到梦一般的、空想的、美的幸福的感情。他把这感情写出在作品第七十八号的奏鸣曲中，奉献与推丽萨。明快的第七交响曲与第八交响曲的制作，也是在这时期中“受胎”后作成的。

然而这幸福不能永久继续，悲哀的命运又来访问贝多芬了。不知为了什么理由，到了千八百十年，与推丽萨的婚约忽然破坏，贝多芬又变成孤独的一身。然而“永远的恋人”在他的心中仍不消灭。有一天，他的朋友来访他，窥见他正在对着推丽萨的肖像而流泪，并且自言自语地对这肖像说：

“你已长得这么可爱，这么长大，像天使一般了。”

朋友乘他不注意，悄悄地退回了出去。

过了一歇再来访他，看见他面上已经没有平日的忧郁的表情。朋友问他今天为什么高兴，贝多芬回答说：

“因为今天已有天使来访我过了。”

｛九｝对命运的战斗

贝多芬与推丽萨分手之后，不久又经过二三回的恋爱。然而情缘都不久长。大概是因为贝多芬的感情过于激烈，故终为妇人所不能理解，生涯中恋爱事件不绝地继起的贝多芬始终是一个独身者。

千八百十二年，他在波希米亚的矿泉地与德国大诗人歌德相会。初相见时，二人各抱非常的期待；然而因为贝多芬的性格特殊，与歌德终于不能成为知交。

贝多芬的爱护者的贵族们曾经许他每年四千弗洛林（Florin）的供给金。但因为连年战争的缘故，这约束没有完全实现。然千八百十四年前后，贝多芬的经济生活是很充裕的。因为这时候是拿破仑的没落时代，贝多芬常作适于这时代精神的音乐，所得作曲与演奏的报酬甚为丰富。然而这事业不能永久继续。又这时候他的弟弟病死，遗下一个八岁的侄儿，要他保护。贝多芬不曾做过丈夫，现在却要做父亲了。此后生活就苦痛起来。

千八百十九年前后贝多芬为了种种的失意，精神不宁，脾气也变成痴人一样。这时候他的生活非常贫乏。皮鞋破了都无力购置新的，甚至不能出门。有一天，他走进饮食店里，在一张食桌旁边坐下，耽入沉思。经过了约一小时之久，呼堂倌过来：

“算账！多少钱？”

“先生没有吃什么菜——要做点什么？”

“随便什么都好，你尽管拿来，不要来打扰我！”

他的神经完全异常，像梦游病者一样，临事每多乖谬。当时他住在维也纳附近地方的旅舍中。那地方有森林，他常在森林里徘徊，一面在心中抽发乐想。他常常对人说：

“我要多拿几张五线纸到山中谷间去散步，为了面包与金钱，多榨出一点音乐来。”

作品第一百二十三号的《庄严弥撒》(*Solemn Missa*)就是这时期中的制作。贝多芬作这曲的时候，对着五线纸，用两手在桌上按拍，又用两脚在地板上大声踏步。闹得旅舍中的宿客日夜不得安宁。旅舍主人就来要求他出屋。

贝多芬晚年有个唯一的知友，名叫欣特勒(Anton Schindler)。

千八百二十年后，耳朵全聋了的贝多芬自己指挥他的歌剧《菲德里奥》(*Fidelio*)的总排练。最初的序曲演奏得很好；到了其次的二重唱，因为管弦乐队虽然服从他的指挥，而歌手的拍子过于快速，成了混乱的状态。因为贝多芬虽在指挥，但他的耳朵听不出唱歌的声音。于是演奏者不对他说明理由，自行中止，又自行招呼，重新开始。其结果仍是同样地失败，只得再行中止。没有一人敢以此事告诉贝多芬。贝多芬聋着耳朵站在指挥台上，看见演奏者的混乱的状态，从他们的脸色上窥知有特殊的变故，立刻呼欣特勒过来，身边摸出笔记簿，请他把刚才发生变故的情形写出来告诉他。欣特勒立刻拿铅笔在他的笔记簿上疾书：

务请勿再继续演奏，详情归家后再告。

贝多芬看了这两句话，对他说："我们立刻回去吧！"说罢，就从指挥台上跳下，拉了欣特勒归家。

走进室中，贝多芬不再追究原由，投身在长椅子上，用两手掩面，躺了很久的时光，对欣特勒一句话也不说。他的形容上表示十分忧郁与意气沮丧的样子。

迁居到亥力根斯塔（Heiligenstadt）的郊野中以后，是专心于第九交响曲（《合唱交响曲》）的作曲的时代。他每天挟了笔记簿子到田野中去彷徨，连吃饭的时刻都忘却，有时他遗落了帽子在田野中而归家，满头的乱发像狮子的鬣一般在风中飞扬。

这第九交响曲于千八百二十四年五月演奏。演奏的时候，听众大声喝彩又拍掌，立在台上的贝多芬全然不听见。然而这一次演奏会所得物质的报酬很小，赢余的只有一百二十马克。散会归家后，欣特勒报告他赢余的现金的数目的时候，贝多芬的样子十分悲哀，他的元气似乎完全消沉，他的身体都站不住了。欣特勒和另一友人扶持了他，给他躺在长椅子上休息。二人一直伴他到夜深。贝多芬饭也不吃，一句话也不说，只是闷闷地躺着。

贝多芬为了生活费，不暇休息，又立刻继续作《弦乐四重奏》（*String Quartet*）。这是作品第一百三十五号，于千八百二十六年岁暮完成。这时候他依然贫困，孤独，又生病。加之他的侄儿行为堕落，时时来讨他的气。贝多芬又多了一种累。

患难与困苦装满了他的全生涯，死的影子就迫近他来了。

他的病体横在维也纳的旅室中。千八百二十七年二月十七日，请医生行第三次手术。病势渐渐险恶起来，他的感情也渐渐沉静起来。延至三月二十六日，天上忽起暴风雨，“波恩的英雄”的灵魂就乘了这暴风雨而离开大地了。

舒伯特

Franz Peter Schubert

（1797—1828）

{一} 终身的贫贱

舒伯特在近代音乐上是“歌曲之王”，浪漫乐派的首领。然其生存中，世人对他的待遇非常疏慢。他在默默的贫贱中度送三十一年的短促的生涯，没有一个爱人，没有一个保护者，没有一个私淑者，连作曲的发表都不容易求到。他的歌曲，在今日是世间一切声乐家所爱唱的歌；然而在当时，除了围绕他的少数友人之外，竟没有人知道。出版业者对于有名的《魔王》（*Erlkönig*）的印行，勉强承受；晚年的杰作歌曲集《冬之旅》（*Winterreise*）只卖版权费每曲两弗洛林（Florin）。然而“时间”是最公正的审判者。到了今日，全世界共仰他为歌曲之王，近代浪漫乐派的首领了。这一点追悼追崇之意，究竟能否抵偿对于他的一生的疏慢的待遇呢？

舒伯特生来具有波希米亚（Bohemia）的灵魂。对于这种波希米亚的生活，似乎也很满足。他自己难得有收入，又极微少，然而囊中有钱的时候，就慷慨地周济周围的友人，绝不吝啬。挟了几首歌曲稿到出版业者那里去卖得了一点钱，就欣然归来，呼朋唤侣，同去听音乐会；或向咖啡店里去买得一晚的愉快的同乐。他的友人都是年事与他相近的青年，都没有财产，没有家庭，晚上常常一同在酒店内过夜。谱莎士比亚诗有名的《听！听！那云雀！》（*Hark！Hark！The Lark！*），便是有一晚与友人等在酒店内的时候作出来的。不但在酒店内，他在行住坐卧之间，无时不可作曲。然而这等宝玉似的名曲，唱的只有他自己，听的只有他的几个潦倒的朋友；维也纳的贵族们、大人先生们，都笼闭在层楼深院之内，隔绝在上流的交际社会中，无缘听到他的唱歌，无从知道这当代大作曲家的存在。

他常常手执歌德等的诗集，在室内徘徊，突然伏案，在五线纸上疾书，几分钟就完成了一首千古不朽的名曲。完成之后，因为自己没有钢琴，立刻挟了歌谱跑到附近的小学校里去借弹钢琴，并将歌唱给校中的友人们听。

他只要通读一篇诗，头脑中就流出一个很美丽的旋律。杰作都在极短的时间内作成。他一生六百首歌曲，差不多全是突然作成的。这样的突发的天才，实为从来所未有。故评家说他的歌曲不是“作出来”的，是“生出来”的。舒伯特的头脑实是歌曲的源泉。从这源泉中流出来的水，像镜一般澄澈，可以分明照见“诗的姿态”。例如《魔王》(*Erlkönig*)，虽然不看其歌词而仅听其音节，已可分明听出《魔王》的情调。《纺车旁的马加利特》(*Gretchen am Spinnrade*)，其音节历历地表出着一个处女的心情。对于像《人影》(*Der Doppergänger*)的阴惨的诗，谱出阴穆的音乐；对于像《鳟鱼》(*Die Forelle*)的快活的诗，谱出快活的音乐。更换言之，舒伯特对于歌德的诗，能附以像歌德的音乐；对于海涅的诗，能附以像海涅的音乐。在这意义上说来，舒伯特是歌曲的源泉，同时又是映出诗姿的镜。

他的乐风很有像贝多芬的地方，故有“小贝多芬”的绰名。他比贝多芬更多抒情的、女性的情趣，故又有“女贝多芬”的别号。贝多芬一生的生活全是轰烈的、雄飞的；反之，舒伯特一生的生活全是沉默的、雌伏的。

｛二｝放浪的天才

舒伯特在三十一年的短促而贫困的生涯中作出无数的美妙的音乐，其作曲的突发与神速，都是大天才的特征。然而他不是像莫扎特的五岁上演奏惊人的早熟天才。他的音乐的天才来自何方，不可得而知。他的母亲不是音乐的，父亲也不是十分有研究的人。舒伯特幼时在家庭中演习四重奏的时候，父亲奏大提琴（Cello），舒伯特奏中提琴（Viola）。父亲时时误奏，每被幼年的舒伯特所注意，他常对父亲说："父亲，奏错了呢！"

舒伯特十一岁的时候，加入教会的合唱队，为童高音（Soprano）歌手，又兼小提琴演奏者。十二岁，入天主教会的学校（Konvict）。在校五年间的生活，为其一生音乐上的基础。同学的孩子们组织音乐演奏团，舒伯特充当小提琴手。他的演奏最为纯熟，引起全校的注意。乐队的指挥者时时缺席，就请舒伯特代理。然而这学校时代的生活，也不是安乐的。寒冬时，室中没有火炉。而且贫苦的学生舒伯特，饮食也常常不周。千八百十二年他写给他的兄弟的信上，有这样的话："我们常常想吃苹果。从粗劣的午餐到晚餐，其间足足隔离八个钟头呢！"他向阿哥要求零用钱的信上，用这样的署名：

你所爱的、有希望的、最可怜的弟弗兰兹

少年的舒伯特早已开始作曲。有几种名曲是少年期的作品。然而他没有买五线纸的钱。同学中常常听见他自叹：

"倘有买纸的钱，我可以每日作曲了。"

有的同学可怜他的贫乏，买了纸送给他。

十七岁入变声期，不能再加入童高音唱歌队中，他就退学回家。他的眼睛一早就是近视的，十一岁起就戴眼镜。因为有这一点缺陷，不被征兵当选，就在家里帮助父亲教小学生（他的父亲是为小学校长的）。然而他的放浪的性格，绝不宜于小学教师的职务。他常常不耐烦 ABC 的教授。有时火冒起来，甚至殴打那些无辜的小学生。所以不久他就辞职。那时候他还是一个十八岁的少年，然而作曲的成绩早已可观。除了许多器乐曲以外，又作了一百三十五首歌曲。就中含有许多千古不朽的名作，例如《魔王》、《野玫瑰》（*Heidenröslein*）、《不息的恋》（*Restless Love*）等，都是十八岁时候的作品。现在我们听了他这几种不朽的名曲，万万想不到是一个十八岁的贫苦学生的所作。

小学校辞职之后，千八百十六年春，他曾经想谋某音乐学校的教席，结果终于失败。以后屡次找寻职业，屡次失败。故舒伯特除十八岁时暂做小学教师和后来暂当家庭教师以外，一生未曾有过其他职业，真是放浪的天才的生涯。又没有建立家庭，与朋友们一同过生活。偶然得着的钱财，也同朋友们一同使尽。他的贫乏，他的孤独，均与贝多芬相似；然而他的性质比贝多芬为乐天的。安于潦倒放浪的生活，若固有之。他不像贝多芬似的用激昂的态度来同命运相战斗，只是静静地在歌曲中发泄其深切的哀愁与感伤而已。例如《冬之旅》(*Winterreise*)、《辞世》(*Schwanengesang*）等曲，是最为感伤的。

当时有一个巨富的大学生，名叫晓勃（Schober），欢喜这无名的放浪乐人的歌曲，曾经供给他居室及衣食。其后自千八百十九年至二十一年之间，又曾寄居诗人马洛费尔（Mailofer）家里。此外他的生活大部是依赖晓勃的。

舒伯特的放浪的生活中，颇不乏奇离的逸话。他的朋友们都是相当地理解他、崇敬他的人。这自然的团体就无形中以舒伯特为中心，外人称呼他们为“舒伯特党”。这舒伯特党的集会的地点，大都在咖啡店里、酒吧里，及俱乐部中。团体中大半是青年的独身者。活动的时间都在晚上。饮酒，弄音乐，高谈阔论。只要身上有钱，就不论何人所有，大家使用，毫不吝惜地使用，用完了再说。真所谓“今朝有酒今朝醉，明日无钱明日愁”。他们一同宿在逆旅中。衣物用具，也都不分你我，拉着就用。前面说过，舒伯特有近视之疾，十一岁就戴眼镜。他有一个特殊的眼镜壳子，常常带在身边。有一天忽然不见了，遍觅不得。后来看见一友人在吸烟，所用的烟斗正是用他的眼镜壳子改造而成的。原来这位朋友因为失去了烟斗，一时没有办法，看见舒伯特的眼镜壳子放在桌子上，就随手拿来改作一下，暂时代用为烟斗了。他们的落拓不拘的生活，于此可见一斑。

｛三｝作曲的突发

舒伯特是有名的突发的天才。又是有名的迅速的多作家。《听！听！那云雀！》（莎士比亚诗）在十五分间作成。《冬之旅》中有六曲是在一个朝晨内作出的。故评家说他的乐曲是“流出来”的；又说他是成了“梦游病”状态而作曲的。《音乐与音乐家辞典》的著者格罗夫（Glove）说：“听他的音乐的时候，似乎觉得与音乐密切地相接触，与听别人的音乐完全不同。”他的乐曲的作出的状态与别人不同，故乐风也有别人所不能有的特色。

他晚上常常戴了眼镜就寝。朝晨一醒觉，立刻爬起身来，伏在五线纸上作曲，连盥洗和换衣服都忘却。有的时候正在与客人说话，忽然乐想涌起，就一面说话，一面拉过五线纸来疾书音符。《水车歌》中的某曲，是在病院里作成的。前述的《听！听！那云雀！》是在酒店里的桌上作成的。还有许多乐曲是在散步中作成的。有一位朋友问他怎样能作出这许多乐曲，他回答说：

“我是每日作曲的。一曲作完，一曲又开始。”

所以舒伯特十八岁的时候，已经作了歌曲一百四十四首。乐曲像流水一般地从他的笔上滚出，有时连自己都忘却自己的作品。有这样的一段逸话：有一天他把新作歌曲送给某朋友。过了两星期之后，又去访问这朋友，听见这朋友正在唱这歌曲。舒伯特听了以后，似乎很感动，问他的朋友：

“这歌曲很不坏呢！是谁作的？”

关于舒伯特的作曲的状态，他的友人史邦（Spann）有这样的一段记录：

> 有一天午后，我和马洛费尔同去访问舒伯特。这时候舒伯特和他的父亲同居。我们走到室门口，看见他正在捧着一册书，高声朗读《魔王》的诗，读得十分出神，全不注意到我们的来访。他拿了书册在室中反复徘徊，突然把身子靠在桌上，拿起笔来在纸上飞速地写谱，不久即作成了一首很好的歌曲。他自己没有钢琴，就拿了这乐谱跑到孔微克德（Konvict）学校去弹奏。这一天晚上，就在那学校里演唱这《魔王》，蒙校中的朋友的热烈的赞赏。老宫廷风琴家罗提卡对于这曲尤为感动，亲自研究其各部，在风琴上弹奏。有人对于曲中屡屡出现的不协和弦提出异议，罗提卡竭力为之辩护说明，说这等和弦从原诗上看来何等必要、必然、美好，又其结合何等巧妙。

《魔王》大家知道是德国诗圣歌德的名作。舒伯特就是在这诗上谱出音乐的。后来德国大钢琴家李斯特曾将此曲改作为钢琴曲。德国大交响乐家柏辽兹又把它改作为管弦乐曲。

舒伯特音乐的感情，大都是无意中瞬间突发的。《听！听！那云雀！》的作成便是一个适例：有一天他同几个友人一同散步到维也纳郊外，走进了一所酒店内。那酒店内的桌上放着一册莎士比亚诗集，他就随手拿起来读。忽然叫道：

“很好的旋律出来了！没有五线纸怎么办呢？”

朋友们都懂得他的脾气，立刻帮他拿桌上的菜单翻转来，用铅笔画五条线，递给他。他对于酒店内的喧嚣置若罔闻，一气呵成地写完了全曲。

这等传说是否确实，无从对证，也有疑为后人伪造的。然而舒伯特的作曲的突发，不止这一例。即使有过于铺张的描写，但决不至于全然伪造。

舒伯特三十一岁夭逝。计算其作曲的年代（十六岁以前所作均不成立），只有十五年。然作品总数有一千种之多，内中有六百首是珍贵的歌曲。其他交响曲、钢琴曲、歌剧，均有美丽的旋律。《未完成交响曲》（*Unfinished Symphony*）尤为有名。这交响曲，舒伯特未曾作完而死。然而不完全的乐章亦自能独立为名曲，故后人承认其为名曲之一，在世间到处演奏着。

｛四｝生活的苦况

《魔王》作于千八百十八年。一直过了五年之后，方才有出版业者肯为印行；然而是没有版税的。他的作品的付印，这是第一次。这书在九个月间销售八百部。于是再集十一首歌曲，继续出版。第二次出版的时候，一向不大高兴的出版业者居然愿出八百个弗洛林（Florin）买他的版权。同时出版的《流浪者》（*Wanderer*）自千八百二十二年至六十一年之间，出版业者一共赚了二万七千弗洛林。虽然有这种情形，舒伯特的作品，直到晚年，常常卖不起价钱。

他的晚年的不朽作曲歌集《冬之旅》，一曲只卖一弗洛林。

千八百十八年，舒伯特曾为某伯爵家的音乐教授。除了幼时作小学教师之外，这一次是他平生唯一的供职时期。那伯爵住在匈牙利的别庄里，请舒伯特到那里去教他的夫人和两个女儿学习音乐。这是他的生活中唯一的幸福时期。作曲时间也富有，生活也快乐。又在那地方接触了匈牙利的民谣。此后的作风上就加了一层特殊的色彩。

自来一切音乐家，大都有丰富的恋爱史；像舒伯特的一生没有恋爱，实在是唯一无二的特例。只有他在伯爵家做家庭教师的时候，据说曾经对那家的幼女发生恋情。然最初遇见的时候那女子只有十二岁，后来遇见的时候那女子是十八岁。二人间的恋情并不甚样热烈。又有一说，舒伯特除了这伯爵家的女儿以外还有一个恋人。那是一位学校教师家的少女。又据说这少女颜貌并不美丽，面上有痘疮的痕迹。舒伯特曾经想和她结婚。这希望怀抱了三年，终于为了生活不得安定而作罢。即使这两说都是事实，舒伯特在自来的音乐家中——尤其是浪漫音乐时代的音乐家中——也是与恋爱关系特别浅的人。贝多芬的恋人有几打，可列一览表；柏辽兹（Berlioz）为恋爱几乎发狂，李斯特（Liszt）是有名的女性崇拜者；瓦格纳赞美妇人为“久远的女性”。像舒伯特这样没有热烈的恋史，又素不谈及女性，在音乐家中也是一种特殊的态度。

舒伯特还有类似贝多芬的性质，是对于自然的爱好。自来音乐家中，爱好自然的人极少。贝多芬喜欢到郊外散步，雨天亦不停止，故有“濡湿的贝多芬”的绰名。他在音乐家中为最著名的自然爱好者。舒伯特对于自然亦很亲近，久不出户，即感头晕目眩，必须到田野散步一次，方能恢复健康。旅行当然是他所最喜欢的事；然而为生活的贫困所阻，一生涯中只旅行三次。移居在他的兄弟所住的郊外的时候，他对自然最为留恋，每天午后必然出门作长久的散步。然而舒伯特遭遇着终身坎坷的命运，生涯中决不会有长期的欢乐，迁居到了这中意的地方，不久就是他的最后——他不久就死在这地方。

那地方的自然风景固然很好；然而有一个生活上的缺点，即饮水很不清洁，身体不健康而抵抗力弱的人，饮之容易成病。舒伯特的身体素来羸弱，这大概也是为了平常的生活不安定，营养不良之所致。迁居到了这地方之后，因为留恋于其地的自然风景，久不忍去；同时因为饮了那地方的不洁的水，竟成了病。医生诊断他的病为伤寒症。乡村地方没有完善的医药设备，他的病没有充分疗养，奄卧数日而死。命终之日为千八百二十八年十一月十九日，享年仅三十一岁。

舒伯特的遗产，除了黄金难买的珍贵的作品以外，还有仅值二十四五元的所有物。

｛五｝舒伯特与贝多芬

舒伯特死于千八百二十八年十一月十九日。千九百二十八年，恰好是他的百年忌辰。十一月十九那一天，全世界到处演奏他的音乐，为他开纪念会。前一年，千九百二十七年三月廿六日，是贝多芬的百年忌辰。世间也举行贝多芬百年祭纪念演奏会。两乐圣的百年祭相差仅一年，即舒伯特与贝多芬是差一年相继而死的。前面曾经说过，舒伯特有许多类似贝多芬的地方，故有“小贝多芬”“女贝多芬”的别称。然二人的关系不止这一点，他们在世间更有奇特的因缘。

贝多芬是雄飞的，舒伯特是雌伏的，二人的阶级不同。故在同一时代呼吸同一市内（维也纳）的空气，而三十年间未曾相见一面。舒伯特早已仰慕贝多芬的大名，然而无从求见。又因为舒伯特秉性孤洁，亦不愿登门拜访当时的伟大人物的贝多芬。因此这两位乐风相似、伟大亦相似的乐圣，在世间终于为社会阶级所隔绝，没有见面之缘。直到后来，有一个出版业者劝请舒伯特去访问贝多芬，奉呈自己的作品，求他介绍、吹嘘。舒伯特当然不愿意；但为了私心仰慕贝多芬的艺术，又因出版业者的强请，有一天，他果真答允了，随了这出版业者，挟了一册自己的作品（歌曲六十首），拜访贝多芬之门。

机缘真不巧，贝多芬恰好不在家。于是舒伯特只得把带来的作品稿子留放在桌子上，怅然地回去。

后来贝多芬得了病归来。一到家里，就躺在病床上，从此不起来了。有一天，病势偶减，他的友人想慰他的寂寥，拿桌上的一册书给他放在枕边，让他翻阅消遣。这册书就是舒伯特所带来的作品集。贝多芬看了这等作品，猛然叫道：

“这里有神圣的闪光！是谁作的？”

旁人告诉了他舒伯特的名字，又把这句话传达给舒伯特。舒伯特得知了这消息，立刻奔到贝多芬的床前。贝多芬的病已经十分沉重。晓得舒伯特的来到，勉强振作，握着他的手叫一声：

“我的灵魂是弗兰兹（舒伯特的名字）所有的！”

不久就闭目长逝。他心中怀抱了与舒伯特相知太晚之恨而死。舒伯特是最初又最后拜见这素来仰慕的大艺术家。丧了知音之后，从此心中闷闷不乐。贝多芬的葬仪举行之日，舒伯特亲自拿了火炬送殡。归途中与三四友人入酒肆歇息。他满斟一杯酒，举起来对众说道：

“为席上先死者干杯！”

他自己竟抽着了这可悲的签。贝多芬死后十九个月，即次年十一月十九日，舒伯特就辞了人世，追随贝多芬而去。躺在死床上的舒伯特向他的兄弟及友人提出一愿：

“请给我葬在贝多芬的旁边！”

弥留的时候，他口中不绝地叫：

“贝多芬没有在这里呢！”

舒伯特死后，其兄弟及友人们依照他的遗嘱，给他葬在离开贝多芬不到三墓的地方。

现在两人的铜像并立在维也纳的广场中。

舒伯特是贝多芬的崇拜者又知己。其精神与事业有许多点与贝多芬相通似。只有作曲的态度，二人不同。贝多芬作曲的时候非常吃力，常常汗流满面。又一曲往往涂抹删改至数十遍而后成。舒伯特则如水从泉中迸出，一气呵成，迅速而极少改窜。舒伯特创作的时候，全精神沉浸在“艺术三昧”的境地中，音乐源源地从笔端流出。这一点是舒伯特独得的功夫。

柏辽兹

Hector Louis Berlioz

（1803—1869）

｛一｝浪漫的全生涯

柏辽兹是近代法兰西式“浪漫乐派”的伟人。不但乐风“浪漫”，他的生活也是十分“浪漫”的。他遭遇着奇数的命运。失恋、服毒、自杀、贫苦、得志、憧憬、悲哀等事，充塞其全生涯。他的一生自成一个浪漫故事。

柏辽兹的奇数的一生始于一八〇三年十二月十一日。他是法兰西一荒村中一医生的儿子。十八岁的时候为研究药学，负笈赴巴黎。见了眼前展开着的灿烂的文化，天生成的浪漫家的心大受诱惑，从此对于干燥无味的药学愈加冷淡了。一年之后，他就舍弃药学研究，改选最适合于他的浪漫的天性的发展的“音乐”，入巴黎音乐院去研究了。

他的父亲对于他的改习音乐，竭力反对，断绝了他的学费的供给。然而浪漫家的他全然不顾父亲的意旨，只管抱着全新的倾向而研究音乐。他当时一方面要对付父亲的反对，他方面又受音乐院的教师同学的排斥，精神上苦痛得很，因为当时巴黎音乐院的乐风非常陈腐。自院长凯鲁比尼（Cherubini）以至各教师，大家还在做形式音乐的旧梦（形式音乐就是贝多芬以前的古典派音乐）。对于柏辽兹的热情而浪漫的作风，大家认为异端。有一位教授曾经对柏辽兹说：

“我对于贝多芬还不能理解；而你的乐派比贝多芬还新！”

实际，柏辽兹一生的抱负，正是要从贝多芬的结果上更跨出一步。他的最初的杰作《幻想交响曲》（*Symphonie Fantastique*），便是用比贝多芬更自由的形式来表现浪漫的内容的。

《幻想交响曲》是同他的浪漫的生活极有关系的一个作品。这音乐是柏辽兹对于恋人史蜜孙（后来是他的夫人）的单相思记录。史蜜孙是英国的一个女优，以演莎翁剧驰名于巴黎剧坛。向来崇拜莎翁的柏辽兹看见她在舞台上扮演可怜的奥菲利娅（Ophilia），突然对她发生了热烈的恋情。然而史蜜孙对于这个贫乏的音乐学生毫不顾睬。柏辽兹的单恋的苦恼，在这篇交响曲中诉说着。

后来他在音乐院得罗马奖，游学意大利，发奋用功，得志归国的时候，修润旧作《幻想交响曲》，加以游学中新作，在旧恋人史蜜孙面前开自作演奏会。终于感动了这女子的心。然而并不立刻结婚，其间又有许多事件。有时柏辽兹在她面前服毒，有时几乎解散婚约。

结婚期到了，贫穷也跟了来。为了糊口，他不得不作音乐评论的文字，投稿于杂志及报纸。穷得连记录头脑中跃出的乐想的纸张都时时缺乏。

当时周济他的贫穷的，是世界第一小提琴大家帕格尼尼（Paganini）。帕格尼尼听了他的音乐，非常感激，热烈地吻他的手。称赞他为“贝多芬再世”，送了他二万法郎的钱财。穷汉忽然变了富人。

然而他的浪漫的生涯决不会从此平静。此后风波不绝地起伏。夫妇反目，离婚，丧妻，再娶，又丧妻，失子……最后在巴黎结束他自己的潦倒的一生。

柏辽兹享年六十六岁，生涯不算短促。从头至尾，是一场长久而可怕的噩梦。

{二} 愤怒的天才

柏辽兹的全生涯的活动，限于管弦乐上。论到技术，其实他只是六弦琴（Guitar）与古竖笛（Flageolet）的优秀的演奏者。除了这两种乐器以外，他对于别的乐器全无实际的手腕。试看他的歌曲，其钢琴伴奏的部分也幼稚得很。钢琴曲他当然不作，然而他的不精通钢琴，对于他的作曲事业上并没有妨碍。不但如此，他的管弦乐有丰富的色彩，正是为了他不是从钢琴曲改编而成的原故。一般的管弦乐制作者，大都先以钢琴曲为根据，从钢琴曲改编为管弦乐曲，到底不能有丰富的色彩。

当时的音乐院的试验委员惯于在钢琴上检查管弦乐曲。柏辽兹对于这办法曾激烈地攻击。他是怀抱新思想而生于旧环境中的作曲家，故其一生极多愤慨。他的自传中曾有这样的记录：

> 他们只晓得倾听钢琴，对于管弦乐作曲，如何可以用这样的方法来批评？对于陈腐的旧音乐，固不妨用用这办法；但要晓得现代的新音乐，是单独一口钢琴所决不能演奏的。

柏辽兹在艺术上、生活上，均以浪漫的感情为主调。他到处打破因袭，创造独自的全新的世界。在这点上他是近代不可多得的人。但因为他的环境对他相去太远，故他的一生，非时时激斗不可，因此评家说他是“愤怒的天才”。在音乐史上他是一个“异端者”。这原是近代艺术的必然的倾向。

卢梭所发起而夏托布里昂（Chateaubriand）所培养的近代“感情的个人主义”的思想的体现者，在文学上有雨果，在美术上有德拉克鲁瓦（Delacroix）。自十八世纪末至十九世纪初，在法兰西全艺坛上造成了灿烂的浪漫运动。这思想在音乐方面的代表者，就是柏辽兹。

浪漫思想的特色，是尊崇自由、感情与冲动；打破因袭，喜欢忧郁。柏辽兹的思想与生活，全部符合于这特色，他的思想完全是自称主义的（Egoistic）超人的思想。他不像同时同派的浪漫音乐者李斯特那样含有抒情的分子，而纯粹是动力的（Dynamic）、戏剧的（Dramatic）生命，他的艺术全然是绘画的。所以他在当时法兰西乐坛上，极少知音与同志，完全是孤立的。他在音乐界中没有朋友，倒在文学界与美术界有知心的交友。文学家雨果与画家德拉克鲁瓦便是他的理解者。

{三} 故乡与初恋

柏辽兹对于故乡有浓厚的感情。他生于格勒诺堡附近的一小村中。那村中的风景很好。柏辽兹自己对于故乡这样描写着：

> 绿色与金色的广大的草原，一望无际地横卧在山腹上。梦境一般的庄严的风景，遥望阿尔卑斯的冰河与积雪的山巅的雄姿，东南一带连山，气象更为壮丽。

这样空阔而壮丽的故乡风物，对于柏辽兹的精神上有很大的感化。

他幼年时代所受的教育，是极严格的天主教的教育。父亲是医生，同时又是他的一切科目的教师。最初教柏辽兹音乐的，也是父亲。他的自传中记着：

父亲彻底地说明符号，教我读谱。不久又叫我吹长笛（Flute）。我一遇到音乐就猛力用功。经过七八个月之后，已能吹得很像样了。

音乐家最初怎样被诱导到音乐的世界中去？这问题在一切音乐家的传记中是最有兴味的一部分。自来伟大的音乐家，大都最初是从母亲受音乐教育的。只有柏辽兹属于例外，最初从父亲受音乐教育。他的母亲对于儿子的才能全然不注意。

十二岁的时候，“恋爱与音乐一齐来了”。他的初恋的对象是一个比他年长六岁的十八岁的美少女，名叫爱史推尔。关于初恋的回忆，他在自传中这样记录着：

她的小脚上穿着桃色的睡鞋。……我从来不曾见过桃色的睡鞋……我犹如被电光所打击。我觉得附着在她身上的一切物件，都很可爱。又觉得自己是一个可怜的男儿，全无希望的人。我夜间非常苦恼。昼间只是茫然地在玉蜀黍田里漫步，或到祖父的果树园的最偏僻无人的地方，犹如负伤的鸟地躲避。

近处的人们，大家笑我这悲伤烦恼的早熟的儿童。恐怕爱史推尔也在笑我。因为她能推量一切的事。

记得有一晚，在歌兼夫人（爱史推尔的伯母）家里聚会。我们作“捉人”的游戏。大家各自选定对手。他们叫我第一个选。然而我没有这勇气。我胸中惴息不定，一句话都说不出。爱史推尔带着笑，曲弯她的柔美的身体，来拉我的手。“来呀，我先选定埃克托尔（Hector 柏辽兹的名字）。”人们就开始和我揶揄说笑。

时间果能治疗一切心的伤害么？别的恋爱果能使初恋消失么？这是无论如何不可能的事！在我，时间完全是无力的。

初恋大都终于“恋情”而止。

柏辽兹的初恋后来也埋葬在美丽的梦境里——虽然他在自传中记录着这样热情的回忆。

然而他对爱史推尔的交涉，决不这样平淡无奇地过去，后来还有奇离的花样：初恋过去，经过了波澜曲折的数十年的世智尘劳之后，柏辽兹六十一岁的时候，这老翁忽然要求与爱史推尔恢复交游。长章大篇的情书，往复数次。然而这初恋的复活也仅止于书翰的往复而已。

｛四｝横逆的成长

柏辽兹的父亲并不希望把儿子养成音乐家，然而他给柏辽兹造成充分的音乐家的环境。他劝诱同村几家富裕的家庭，向里昂合聘一音乐先生，来村中教导音乐。这音乐先生的才能究竟如何，不可得而知。但柏辽兹因为性质近于音乐，那时候的确曾经相当地用过功。他虽然没有像莫扎特那样的神童的天才，然对于作曲视为唯一的乐事。他从旧书箱中寻出一册拉摩（Rameau）的《和声论》，就埋头研究和声。他最初试作断片的三重奏及四重奏。

从来的音乐家，大都与别的职业的压迫相战斗而进行其音乐研究。柏辽兹也逃不出这定例。父亲希望他做医生，教他跟了也希望做医生的从兄同到巴黎，去研究解剖学。当时他正是十九岁的青年，兼之感情比普通人更加丰富，冷冰冰的解剖室中的空气，实在几乎使他窒息。所以他虽在医院里研究解剖，而暇日常常到图书馆里，在那里暗记格鲁克（Gluck）、拉摩、莫扎特等名音乐家的乐谱。后来他在剧场中听到了格鲁克的歌剧《伊菲革涅亚在奥利斯》（*Iphigenie in Aulis*），他的热情异常兴奋，从此发心欲做音乐家。他就向父亲陈明自己的志愿。忽然用了可惊的毅力研究作曲了。

青年的柏辽兹，可说是“激情的结晶”。有一段逸话可以代表他的青年时代的性格。

有一天，他到音乐院的图书馆里去看书，因为没有懂得他们新定的规则，误从女子的进口中走进去。走到了庭中，管门的人呼他回转来，再从男子的进口中走进去。他听见这话，心中火冒起来，绝不顾睬，大踏步走了进去。进了阅书室中，就翻开格鲁克的乐谱来看。正看得出神的时候，那相貌狞恶而披着一头乱发的音乐院院长凯鲁比尼（Cherubini）急急忙忙地走进来，后面跟着那个管门的人。管门的人指着柏辽兹向院长说："就是这个人。"凯鲁比尼口吃着，厉声向柏辽兹责诘：

"喂！你从我所禁止的进口中走进这里，犯了规则，懂不懂？"

"先生！我因为没有知道你们新定的规则。以后——"

"以后怎么样？用不着以后！你到这地方来做什么？"

"请看，我到这里来研究格鲁克。"

"格鲁克！你要研究格鲁克做什么？你得谁的许可，敢走进这图书室来？"

"先生！格鲁克的乐谱，据我所知，是最良好的乐剧。你们既规定从上午十点钟到下午三点钟为公开的时间，我到这图书室来，当然没有得谁的许可的必要！"

"我要禁止你的入馆！"

"对不起！"

凯鲁比尼冒起火来。

"你，你，你叫什么名字？"

"我的名字？先生！我将来告诉你，但是现在我不说。"

"霍丁！"凯鲁比尼呼管门人的名字，"把这东西拿去关在牢狱里！"

柏辽兹慌起来，就乘机逃脱。这是柏辽兹与凯鲁比尼两大音乐家的初见面。

凯鲁比尼是十八世纪末意大利歌剧家，他的事业与名望在今日虽远不及柏辽兹之高，但在前世纪也是歌剧上一重要作家，在音乐史上也占有几许的地位。这二大音乐家的初见面是对骂，也是一件很有趣的逸话。后人传为美谈。

因为有这原故，柏辽兹不得入音乐院的机会。后来他作弥撒曲（Missa）在巴黎演奏，博得好评。音乐院就不得不许他入院。然而入院以后，自院长教师以至同学，对他的奔放的态度都抱反感。家庭方面又受父亲的屏斥，不供给他学费。于是他不得不到某喜歌剧场（Opera Comique）中去充当歌手，以获得糊口之资。

这时候的柏辽兹真是气性猛烈，锋芒锐利，从这一段逸话中可以窥知：他对格鲁克的作品素有研究，都能谙记。有一晚，他到歌剧场观剧，恰好开演格鲁克的《伊菲革涅亚在奥利斯》。演到西西里舞蹈的时候，忽然鸣起钹（Cymbal）来。他晓得格鲁克的原作中并不用钹这乐器，就在座中厉声叱问：

“谁在格鲁克的作品中擅加无意义的钹！”

满座为之大惊。

再演下去，到了奥雷斯泰斯（Orestes）的宣叙调（Recitative）的地方，演奏者除去了一个长号（Trombone）。柏辽兹听见了更愤怒得了不得，又厉声叱问：

“长号到哪里去了？混账！”

这样的盛气，实在可怕得很，在自来一切热情的艺术家中，恐怕找不出第二个人。

{五}《幻想交响曲》的动机

柏辽兹二十五岁的时候，有烈火一般的恋爱来袭。这在他全生涯的横逆的命运中是最突出的一件大事，不可以不特记。

千八百二十七年，英国有某剧团，来巴黎演莎翁剧，剧中有一扮演奥菲利娅（Ophilia）的爱尔兰女子史蜜孙（Smithson）的，有一天晚上在剧场中勾引了柏辽兹的整个灵魂。柏辽兹对于这女子的恋情，真是激烈得很！他为爱情所驱，有几夜在巴黎的街道中和郊野中彷徨达旦。有时在郊野中，有时在草原上，有时在河畔，最后闯进咖啡店里，把疲劳的身体奄伏在桌子上。店伙当他已经死了，不敢触动他的身体，让他这样奄伏五六个钟头。据他的朋友们说，他有时就睡在田野中，他们在田野中寻到他，扶他回家。

后来史蜜孙又扮演《罗密欧与朱丽叶》（*Romeo et Juliette*）中的朱丽叶，在柏辽兹的千疮百孔的心上又加了些剧烈的刺激。他在这激烈的恋爱中过了几个月的生活，神魂消沉在自失与绝望之中了。后来渐次觉悟自己的生活，同时在他的头脑中忽然发生了一种计划，即把自己的全部作品刊入演奏目录中，开一大音乐会，以促史蜜孙及全市民的注意。他决心筹备这事，为了开会的一切费用，又决心自己极端俭约。

他的最初的音乐会，于千八百二十八年五月举行。然而结果终于不能惹起他所渴慕的史蜜孙的注意。他的恋爱十分激烈，失败的伤心也十分激烈！然而他终于不肯干休，他要拿这番激烈感情来作成一乐曲。

要描写对于史蜜孙的“凶恶的热情的发达”，他作出《某艺术家的生涯中的情话》（*Episode de la vie d'un artiste*）[①]一乐曲。全曲分五个乐章，描写恼于恋爱的一青年音乐家的幻想，即：

1. 梦幻与热情
2. 舞会
3. 田野景色
4. 赴刑场进行曲
5. 妖魔夜宴之梦

曲的内容情节是这样：一个具有病态的感觉与热烈的想象力的青年音乐家，为了绝望的感情的发作，服鸦片自尽。然而药力过弱，不足以致死，陷入了熟睡状态，梦见种种奇怪的幻想。他的感觉、心情与追想，在他的病态的头脑中变成了音乐的思想与形象而出现。所恋的女子，这时候在他看来已是一个旋律。

这曲于千八百三十年开始制作。

不久柏辽兹得了“罗马奖”，获得一笔巨资，赴意大利留学。千八百三十二年回巴黎。完成了这《某艺术家的生涯中的情话》，在巴黎开演奏会发表。不意这举行竟玉成了他两三年前的癫狂的恋爱。因为开会的那一晚，史蜜孙偶然也在听众之列。她得知曲中的女主

① 即《幻想交响曲》。

人就是她自己，心中非常感动。又因为当时的史蜜孙在剧坛上已不复有如前日的满足的地位。巴黎的流行过去得很快，那时候一般人对于莎翁剧已不复有多大的兴味，因而史蜜孙也渐渐变成过去人物，名誉上、经济上，均大遭失败。一方面柏辽兹经过了一番失恋的挫折，赴意大利奋勉研究的结果，事业与名望均大大地进步。那一晚的演奏会规模极为宏壮，巨大的管弦乐队由作者自己指挥，轰轰烈烈地奏出可怕的交响曲。双方的种种变故，转动了史蜜孙的心，她就容纳了柏辽兹的恋情。不久史蜜孙从马车上跌下，负了些伤。又柏辽兹的亲戚不赞成他和史蜜孙结婚，柏辽兹经济上也不安定。然而二人不顾一切障碍，终于结婚。这是千八百三十三年夏日的事。

结婚之后，柏辽兹为欲支持二人的生活，开始作激烈的劳动了。他在贫困的时候，不计日夜地写新闻原稿。他的文墨很好，他是优秀的音乐批评家，作了许多音乐论文。同时又写出无数美丽的音乐。

｛六｝吻尸与暗杀

现在要退回到结婚以前，略叙他意大利留学时期中的奇怪的生活。他在那时期几乎做了“吻尸”与“暗杀”的行为。

有一天晚快，他散步到斐伦渚火葬场地方。有白昼死去的一个妇人的棺材，停放在那里。异想天开的柏辽兹的好奇心突然触发，他给看守人几个钱，偷偷地请他把棺盖打开来给他看一看。关于这事，他自己这样记录着：

那女子很可爱。只有二十二岁。头发一点不乱。我握了她的雪白的手，觉得不忍放释。假如旁边没有别人，我真想吻她一下呢。

爱伦·坡（Edgar Allan Poe）曾经把这话题描写在小说中。

柏辽兹到意大利之前，在法国还有一个恋人，名叫卡米耶（Camille）。二人之间曾有婚约。有一天，卡米耶的母亲从巴黎寄一封信给柏辽兹。信中说，因为家族的反对，她的女儿只得与柏辽兹解除婚约；又报告她的女儿已与别的男子结婚的消息。柏辽兹得知了这消息，在两分钟之内就决定对付的办法，他立刻跑到女子用品的店内，买了衣物帽子与绿色的面纱，打算变装为女子，挟了手枪归巴黎，决意要杀死这母亲、女儿和那男子。

这一天傍晚，他咬紧牙齿，乘入了赴法兰西的马车中。然而马车到了尼西（Neisse）地方，他的心渐渐平静起来。他的对音乐的爱好心，渐渐地征服了他的对失恋的愤怒。终于他的心完全翻悔，就在马车停落的地方下了车，在尼西耽搁，或赴海水浴，或散步于橘林中，或享乐丘上的暖日，优游了一个月。序乐《李尔王》（*King Lear*）便是在尼西滞留的期间作成的。

柏辽兹一生中，以意大利留学时代的生活为最浪漫。他在罗马的时候也不甚用功。他常常弹着六弦琴，在街头步行。他曾经在南国的暖日之下尽量地行乐。

前面已经说过柏辽兹与史蜜孙的结婚。结婚之后，可怕的生活上的穷困也就开始来袭了。他为了夫人的负伤，开义捐演奏会。这是一八三三年十二月中的事。这时候他第一次与小提琴大家帕格尼尼（Paganini）见面。帕格尼尼是音乐有史以来最神奇的小提琴演奏者。当时帕格尼尼已是五十岁以上的年长者，柏辽兹正是三十岁。由于下述的事件，二人有了特别密切的关系。

｛七｝创作的欢喜

帕格尼尼得了一具精制的中提琴（Viola），请柏辽兹特为这乐器作一乐曲。柏辽兹就取拜伦（Byron）的《恰尔德·哈罗尔德》（*Childe Harold*）为题材，以中提琴为中心而作一交响曲，这就是由四乐章组成的交响曲《哈罗尔德在意大利》（*Harold en ltalie*）。

这曲全体固然是佳作，然曲中的中提琴运用，不像帕格尼尼所希望的活跃，故在帕格尼尼是失望的。因为帕格尼尼所希望的，实在是中提琴的协奏曲（Concerto）。不久帕格尼尼得病，只得离开巴黎，迁居尼西静养。因此《哈罗尔德在意大利》的初演，帕格尼尼不曾听到，后来一八三八年十二月，再演这交响曲，帕格尼尼出席。当时的状况，有柏辽兹自己的记录如下：

> 音乐会告终。我等了一回，看见疲劳、流汗而发颤的帕格尼尼携了他的幼儿阿基利，从管弦乐队的入口处出现，对我表示十分感动的样子。他患着不久将致死的咽喉病，说话非常模糊，不大听得清楚。幼儿阿基利给他翻译。

他向这幼儿装手势，这幼儿跳上椅子，把耳朵承在父亲的口边，倾听了一回，然后对我传达他父亲的话，他说："先生，父亲对我说，他从来不曾从音乐中得到像今日那样的感动。父亲想跪在你面前道谢。"

我心中充满了混乱迷惑的感情，不能开口说一句话。帕格尼尼握住了我的腕，拉我到还留剩着二三个演奏者的剧场中，跪下一膝，吻我的手。

次日，他又写这样的一封信给柏辽兹：

亲爱之友！足下可使人联想贝多芬。足下之天禀真与贝多芬相似。昨晚敬聆神圣之大作，感激无已。外附金二万法郎，聊表尊敬之忱，请即哂纳。

忠诚热爱之友尼科罗·帕格尼尼上

这信和金钱送到的时候，柏辽兹的夫人以为发生了什么事故，走进柏辽兹的室中问道：

"什么一回事？请你留意对付，不要再闯祸呢！"

"不是，不是！"

"为什么事？"

"帕格尼尼送二万法郎的金钱给我！"

夫人惊喜之下，立刻去拉她的孩子过来：

“来，来，到母亲这里来，来叩谢神恩！”

偿还了一切债，还有相当的余金可以受用。柏辽兹如今可以安心作曲了。以前有一晚，他的耳中明明有一个舞踊似的 Allegro 的旋律响出。然而为了要写换生活费的原稿，没有工夫记录，冤枉走失了那很好的旋律，甚为可惜！要是现在，就可以从容地作曲了。这样的幸福的时光，在他的生涯中恐怕没有第二回了。

次年，他为帕格尼尼作附加合唱的剧的交响曲《罗密欧与朱丽叶》(*Romeo et Juliette*)，以表感谢之忱。关于这时候的欢喜，柏辽兹自己这样记录着：

> 如今可以不必再作报纸上的论说一类的工作了，真是快事！此后数月之中，我将有多么热烈的欢乐的生活！我可遨游于诗的绀碧的海中！我可乘了空想的甘美的微风，去到莎士比亚所手造的恋爱的黄金的太阳底下，享受那温暖的阳光！我可达到纯粹艺术的殿堂的圆柱耸立在太空中的那祝福的未知之岛上！我心中感到神通一般的力。

{八} 晚年的寂寥

柏辽兹的重要的作品，都是千八百四十年以前所作。千八百四十年正是他三十七岁的时候。他在三十九岁开始作演奏旅行，遍游德、法各地，在莱比锡（Leipzig）会见门德尔松（Mendelssohn），晤谈旧情。在德累斯顿（Dresden）与将要露头角的瓦格纳（Wagner）

相见，经过柏林而回国。千八百四十四年，在巴黎工业展览会中指挥千人以上组成的大音乐会之后，又继续作演奏旅行。这回遍历意大利、奥地利、波希米亚、匈牙利、俄罗斯、普鲁士、英吉利，至千八百四十八年返国。

柏辽兹早年丧母，千八百四十八年又丧父。千八百五十四年，爱妻史蜜孙死。葬仪很质朴。爱儿路易正在航海远行，柏辽兹写信报告他母亲的死耗：

千八百五十四年三月六日。可怜、可爱的路易！你知道么：我独自一人在你母亲所遗下的寝室隔壁的广间中写这封信。我刚才从墓地上回来。我在你母亲的墓上加了两个花束。一个是为你加的，一个是为我自己加的。工役现在还留在这里，正在整理要卖却的物件。我为你打算，想尽量多换些现金。你母亲的发，我保存在这里。

昨天我和亚利克西斯讲了种种关于你的事。我满望你做一个通达理性的男子。

以前我实在无暇顾及你；但此后总要多留意于你了。为了节止你的浪费，我不得不用种种的警戒。亚利克西斯也赞成我这主张。

现在我一个钱也没有了。至少要继续六个月的穷困。医生的诊金是必须送去的。卖物件所得的钱，真是微少得很。……

艺术家的柏辽兹犹如专横的暴君；而父亲的柏辽兹对于儿子却能说这样温顺的话。下面的一封信更可表出他是一个慈爱的父亲。

三月二十三日。你的来信，是我所不预期的欢喜。亲爱的儿子！你倘能除去浪费的习惯，我很愿意每月给你七个法郎。你在哈佛尔押了的时表，现在已否赎回？望来函告知，我可给你赎回。如果已经满期而不能赎回，我再买一具给你吧。……

“巨人柏辽兹”在他人面前是一个强徒，然而他的另半面是一个可怜的孤独者。妻死以后，不堪其寂寥，又迎娶后妻马利·丽西奥。这后妻也在八年之后患心脏病暴死。

柏辽兹年纪愈老，生活愈寂寥。加之他在巴黎艺术家群中，极少有知己的朋友。他自己曾经这样说：

“我已经六十一岁了。希望、空想、高远的思想，都成了过去的梦。我的儿子又远居他方。我是一个完全孤独的人！”

委身于绝望之渊中的他，又曾经说这样的话：

“我的一生的行路的终点已经看见了。即使没有到达终点，但我的足确已踏在通向最后地点的急坂上了。力弱而疲劳，我已快被燃着的火焰烧尽了。”

即将走尽人生的长途而达到终点的时候，他感到一生的事业未曾获得充分的报酬，所以心中兴起这样的感慨。

更有不幸的事：到了千八百六十七年，唯一的爱儿路易又死去。

路易充当商船的船长，死在航海的远行中。

如今柏辽兹既无亲友，又无子弟，真是完全孤独的人了。他对于宗教、人类、美，甚至自己，都不相信。而五十二岁以来时时发作的神经痛病，到这时候渐渐地深重起来。然这时候他还到俄罗斯演奏旅行一次。这回演奏旅行的状况，在俄罗斯音乐大家李姆斯基-科萨科夫（Rimsky Korsakof）的自传中详细记述着。

据说他在旅中也常常闭居在室内，不常见人。这大概是为了病弱的原故。柏辽兹在本国少有理解者，在俄国与德国反而早有认识他的伟才而敬爱他的人。因这原故，他喜欢走出本国，到外国作演奏旅行，在各地指挥管弦乐队。

自俄罗斯归国之后，病势加重。不久，于千八百六十九年三月八日星期一的早晨，在格勒诺布尔（Grenoble）长逝。葬仪颇为隆盛。

肖邦

Fryderyk Franciszek Chopin

（1810—1849）

｛一｝哀愁的一生

以爱国的热情及冥想的忧郁为特色的波兰，由来是钢琴音乐的王国。代表这民族性而为十九世纪浪漫乐派的巨匠的，是肖邦。肖邦有“钢琴诗人”的美称。

肖邦的气质，是波兰民族性的结晶，是热情中之热情者，忧郁中之忧郁者，他的全生活犹如是一缕凄凉的小调的旋律。所谓“亡国之音哀以思”，肖邦正是一个适例。他的一生是哀愁的连续。

肖邦平居欢喜笼闭在阴暗的房室中，点一支蜡烛，在幽静的火炉边弹钢琴。他的朋友们群集在窗外倾耳窃听，大家非常感激。他从来不欢喜在音乐会中对公众出席演奏，偏生欢喜独自在暗室中弹琴，所以他的演奏很不容易听到。

肖邦平时常穿黑色的衣服，风貌温雅。蓝色的瞳、白而长的脸、高高的鼻、清朗的声音、小巧的身材、细弱的手足，都表明着他的温雅纤细的感情与强烈深刻的情绪。他住在巴黎，但避去交际社会，最喜欢孤独与幽静。说起肖邦，容易使我们想起他的幽丽的“夜曲”（Nocturne）；他的人也与夜曲一样幽丽。

肖邦幼时秉性颖悟，又天真可爱。八岁的诞辰后二日，即穿了母亲给他新制的绒线衫，在公众前演奏钢琴。演奏完毕后，母亲问他：“听众最喜欢你的是什么？”

他回答说：“他们都看着我的新绒线衫。”

少年时代就喜欢幽静。常把休假日全部消耗在幽僻的乡村中。又常常加入朴素的波兰农民的民谣及舞蹈队。他后来是民族音乐的代表者，实由于幼时就接近野趣的原故。

波兰革命起义的时候，肖邦正在华沙。华沙音乐学校的学生大家来庆贺，群集在肖邦的室中高呼、唱歌，赞颂这青年的波兰音乐家，又赠他一只银杯，里面盛着波兰的泥土，以表示祝贺其祖国之意。革命爆发的时候，肖邦已迁居维也纳了。

然而波兰革命终于失败，不久传到了华沙陷落的惨报。青年的肖邦得知了祖国革命失败的消息，心中顿起无限的哀伤。有名的《C小调练习曲》(*Etude in* C-moll)，便是记录这时候的悲哀的，所以此曲又名为《革命练习曲》。在他的日记中又这样记录着：

> **我时时向着钢琴恸哭，绝望。神啊！请掀翻这片大地，吞灭十九世纪的人类！**

肖邦是患肺病的。一八三八年，他的病势加重，就同了恋人乘船到西班牙南方的温暖的岛上去养病。他带着肺病和一口钢琴，那无知的岛国之民不许他上陆。结果请他住在山腹的修道院的废墟中。那地方很清静，倒很适合肖邦的意思。他对着南国的碧海青天，心中十分欢喜，作出许多真珠似的小曲。

肖邦终于死于肺病。临终的时候，请一波兰僧人来为他行最后的忏悔及圣餐礼。他自己又请求友人某伯爵夫人为他唱圣母赞歌，反复数遍。又命取出音乐院学生所赠的盛祖国的泥土的银杯，托他们把这祖国的土撒在他的棺上。不久他就带了亡国之恨及祖国之土，一并长埋在地下了。

肖邦是凄婉幽丽的夜曲的作者（例如作品第九号第二首的《降E调夜曲》；作品第十五号第二首的《升F调夜曲》，最为著名），同时又是慷慨激昂的《革命练习曲》《军队舞曲》《英雄舞曲》的作者。一个人有相反对的两面的表现，最是奇迹。可知他的人一面是流丽优美的，一面又是豪壮泼辣的。总而论之，肖邦的生活与艺术，都是韵文的，决不是散文的。肖邦的音乐的特色，亦即在于此。肖邦没有像贝多芬的确实与深刻，但自有其独特的热情。肖邦有像门德尔松的纤细与洗练，但不像门德尔松地懦弱无力。他还有燃烧一般的情火。这正是肖邦的近代人的优点。

｛二｝钢琴诗人的素养

肖邦的诞生年有两说，一说是千八百〇九年，一说是千八百十年。其诞生日也有二说，即二月二十二日与三月一日。普通认定千八百十年二月二十二日为正。他的父亲尼古拉斯，是波兰血统的法兰西人，在华沙附近村中某伯爵家为法兰西语教师的时候，与一贫乏贵族家的女儿恋爱，结婚。生下四个儿女，长女、次女以后的三男，就是这“钢琴诗人”肖邦。

少年时代的肖邦生活很幸福。他的母亲是一个可爱的快活的人，充分具有做母亲的资格。然他的父亲与母亲都没有特别的音乐教养。少年的肖邦身体瘦弱，而丰姿秀美。

肖邦的天赋的音乐才能，立刻被他父亲看出。他送他到一位波希米亚人的先生那里学钢琴。肖邦进步非常快速，八岁即在公众前奏演，有不亚于神童莫扎特的天才。

后来又从师学习音乐理论，研究巴赫（Bach）的作品。这时候他住在华沙，每逢休假日，必邀游于附近的乡村田野中。那地方有完全波兰式的农民生活，肖邦很喜欢接近这种质朴的风物。播种、收获之时，农民舞蹈，唱民谣，肖邦也参加他们的团体。这种幼时的印象，深刻地记在他的脑中。所以他虽然后来离去波兰而客居外国，但仍不失为波兰民族音乐的代表者。

肖邦九岁的时候，曾在君士坦丁大公面前演奏军队行进曲。十四岁的时候，曾蒙亚历山大皇帝赠送奖品。故肖邦虽不及莫扎特的天才早熟，然音乐的萌芽也抽发得很早。其前程在幼时已可窥知了。

千八百二十六年，他为了过分用功，损害了健康。伴了他所最怜爱的妹妹爱米丽，赴西利西亚受乳精治疗。正在途中的时候，他的母亲忽然病入危笃，二人就中途折回。未及返家而母亲已死。次年，爱米丽又患肺病死。肖邦后来也患肺病，大概是他的妹妹传染给他的。肖邦身体一向不健康，但他很留意养生，素不吸烟。后来他的恋人乔治·桑（George Sand）是吸烟的，听说她常常命令肖邦：“弗列德里克（肖邦的名字）！给我擦火柴！”

十六岁，从西利西亚归国的时候，途中曾在勒球伊尔公爵邸中耽搁。那公爵是人格很高尚的人，又有音乐评论家之名。他是肖邦的赏识者，后来送他教育费和意大利留学的旅费。千八百二十七年，肖邦受华沙音乐院的试验，成绩不甚良好；然他的父亲确信儿子的音乐才能，绝不因此失望。十九岁赴柏林开演奏会，是他在外国演奏的最初次。这时候他在柏林认识斯邦提尼（Spontini）与门德尔松。

世界第一小提琴大家帕格尼尼（Paganini）来到华沙的时候，遇见肖邦，使肖邦非常的感动。自此以后他渴望到海顿、莫扎特、贝多芬所曾经活动的维也纳地方去。千八百二十九年，得到一个出版业者的帮助，果然到了维也纳。当时听厌了可怕的铜鼓似的音乐的维也纳人，对于肖邦的轻妙的演奏十分热烈地欢迎。

在这时代的前后，肖邦经受一番恋爱的哀乐。他对华沙音乐院声乐科的一个女学生格拉杜史卡发生了恋爱。他为了这女子非常懊恨。他想：还是抛却恋爱而亡命外国？还是到手恋爱而死在祖国？——当时他对于这取舍十分踌躇。然而他是很懦怯的人，自己又不能把自己对于恋爱的意思告诉那女子。他托一友人送信给那女子，信中有“我虽死，亦当以骨灰撒于卿之足下”之语。结果他们的恋情就此告终。格拉杜史卡数年后嫁给别的男子了。

{三} 革命与去国

千八百三十年以后，波兰对俄罗斯的革命风潮渐渐高涨起来。华沙地方忽然充满了活跃的新气象。革命爆发以前，华沙音乐院的学生们群集于肖邦所居的室中，为这青年的波兰乐人歌唱康塔塔（Cantata），又送他盛波兰泥土的银杯（这泥土就是后来撒在他的棺上的）。革命爆发的时候，肖邦已经开了告别演奏会，而为维也纳的旅人了。

肖邦第二次到维也纳的时候，不像初次地受人欢迎。他到了维也纳一星期后，听到波兰革命起事的消息。肖邦正在引领盼望以后的成功，不料再来的是革命失败，华沙被俄军占领的噩耗。这是千八百三十一年九月的事。

希求自由的波兰从此一蹶不振。爱国青年的肖邦的绝望的悲哀，在作品第十号第十二首的《革命练习曲》中永远不能消灭了。

后来肖邦终于收拾起对于祖国的悲运的哀情，而做了艺术之园的巴黎的人。他在巴黎和匈牙利钢琴大家李斯特交游。在巴黎时的肖邦的生活状况，李斯特曾经有详细的记录。据他说，肖邦喜欢在房间里关上窗子，点一盏灯，静静地在炉边弹琴。许多仰慕他的友人，群集在窗外倾听。这等倾听者中，有诗人海涅（Heine），歌剧家梅亚贝尔（Meyerbeer），画家德拉克鲁瓦（Delacroix），文学家雨果（Hugo）、巴尔扎克（Balzac）、夏多勃里昂（Chateaubriand）等名人。他不喜欢在公众面前演奏，而喜欢在暗室中弹琴。有时在座有二三人旁听；肖邦不喜欢旁听者干涉他的演奏，不肯受旁人的指使而演奏。有一次他的朋友们请他聚餐，餐后要求他为他们演奏一曲，他绝不客气地拒绝，回答说："我今天吃了你们真真一些些呢！"

肖邦来到巴黎的时候，法兰西刚刚推翻专制君主，充溢着自由活泼的气象。文学、绘画和音乐，都正在受浪漫主义的洗礼的时代。这空气十分适合他的心情。他就决心在那里研究钢琴。他从当时有名的一位钢琴师学习。然而他的乐风自成一家，不趋附当时的任何派别。有一天这钢琴师听了肖邦的演奏，问他属于何派，他回答他说："我不能创立一新派，因为我连旧派都不懂。"

肖邦在当时的确是不属于任何流派的。

不久他就离开这钢琴师，自己设塾授徒。当时巴黎有名的乐人，有不少出自他的门下。

千八百三十五年七月，肖邦归省其父。不久即赴德累斯顿（Dresden），在那里会见奥琴斯基伯爵，与伯爵的妹马利亚发生了恋爱。那伯爵看了肖邦的资产状态与艺术家的社会地位，很不满意，不许他们俩结婚。肖邦的恋情终成泡影。次年这女子就和别的男子结婚，后又离婚再嫁。肖邦这一次失恋的哀情，化作了有名的《降A调圆舞曲》（*Waltz in A flat*, Op. 69，No. 1），永远保留在世间。

从德累斯顿归来，途中在莱比锡访问克拉拉·微克（Clara Wieck）之家，与德国大音乐家舒曼及门德尔松相见。次年又游伦敦。这时他的肺病的征候渐渐明显，为了调养而赴英国。

肖邦的演奏有一种特别的气品，为一般人所不易理解。因这原故，千八百三十五年后的四年间，他绝对停止公开演奏。这也是像他这样神经质的艺术家所当取的态度。

｛四｝恋爱与作曲

多情多感的艺术家肖邦，自然少不了缠绵的恋史。他的最后的恋爱的对象，是一个比他年长六岁的纯粹的巴黎女子，名叫乔治·桑。这女子十八岁的时候曾经和一男爵结婚，生下两个小孩。二十七岁的时候，为了家庭不睦的原因，和那男爵离婚。她是当时巴黎文坛第一流女作家，原名奥罗尔·迪德万，桑是她的笔名。

她曾经发表许多作品，攻击当时的人类生活与社会制度。她的思想有这种倾向，所以时人评她为“自由的宠儿卢梭（Jean-Jacques Rousseau）的女身”。她似乎曾经有多夫主义者的生活。据传说：她曾经与一个名叫谋西的男子同居于凡尼司。谋西生了重病，请医生来诊视的时候，桑爱上了那医生，对他演出种种的娇态。

肖邦的认识桑，由于李斯特的介绍。这是后来的千八百三十七年十月中的事。桑身材低矮，肤色浅色，而体态略胖，颜面表情冷静，并不是十分姣美的女子。肖邦最初会见这女子的时候，对她并不发生什么好感。然而她有一套妙术，能征服男子，恰似肖邦的自由操纵钢琴一样。她对于肖邦装出母亲一般的假面，而抛送激烈的热情。肖邦当然不免为她所动。所以二人的恋爱，桑倒是男性的，她同对付孩子一般地对付肖邦。

千八百三十八年十一月，肖邦同桑、她的前夫的儿子，以及另外一个朋友、一个女仆，一同乘船从西班牙海边出发，想到地中海中的马郊尔卡岛上去养病。因为这时候，肖邦身体不好，桑的前夫的儿子也有病，想迁居到南国的暖地去疗养；又因巴黎社会中关于二人的恋爱的谣言甚多，他们想远而避之。不料船到那岛上的时候，岛民因为他们是病人，又随带钢琴，不准他们上陆。于是他们只得迁居华尔特莫萨山腹中的修道院的故址中。在阴郁的波兰地方长育起来的肖邦，看见了这岛上的青天碧海与和暖的阳光，心中十分欢喜。这恐怕是肖邦一生中最幸福的一时期。他曾经把当时的生活的愉快情状写了许多信，告诉在巴黎的他的亲友。

但精神上与肉体上均异常强顽的桑，同这忧郁的病夫肖邦一同生活，当然感到不满足。她当时给友人的信中，曾有“肖邦已经是没有用的病人了”的话。身体异常健康的桑，风雨之日也外出散步。肖邦只得独自闭居在室中作前奏曲（Prelude），以解除忧郁。但肖邦哀情涌起，忽然忧伤、哭泣、烦闷的时候，桑也能安慰他，劝导他，有时嘲笑他。二人之间的感情总算还好。在这生活时期中，肖邦作出许多珍贵的小曲。

到了冬天，肖邦的病态更加险恶了。次年，千八百三十九年三月，他离去这岛，回到诺昂的桑的家中。因为桑的费用浩大，肖邦不得不做教授，又勉力作曲，以图收入。这样的生活继续了七年。肖邦与李斯特亲切的交际，就是这时期中的事。

肖邦与李斯特的交际很亲切。李斯特是匈牙利钢琴大家，有“钢琴大王”之称；肖邦则是抒情的“钢琴诗人”，所以二人的交情非常契合。有一次李斯特故意模仿肖邦弹琴的腔调，在黑暗的室中演奏钢琴，听者大家以为是肖邦在演奏。他们两人同奏钢琴的时候，交互地踏琴上的踏板（Pedal），以致琴上的踏板常常被踏坏。但他们的交情后来渐渐疏远起来，时时意见冲突，虽不至于公开争议。

肖邦已多年不公开演奏。到了千八百三十九年，又开始为王室演奏，得着金杯的赏赐。自此以后，他又时时在音乐会中出席演奏。

肖邦和许多文学者相交游，然而他自己并不是热心的读书家。他只欢喜读伏尔泰（Voltaire）的书，不读桑的小说。他所最爱的是波兰语。他常用波兰语的腔调来讲法兰西语，此外德语他也会说。肖邦视钢琴音乐为自己的生命。交响乐及歌剧等，全然不作。他对于德意志音乐，除了巴赫与莫扎特二人以外，都不甚欢喜。关于贝多芬，肖邦只喜欢其《升 C 调奏鸣曲》等数曲，对其他作品全然没有同感。他对于舒伯特，嫌其粗杂；对于威柏（Weber）的钢琴曲，嫌其过于类似歌剧，均不足取。舒曼竟被他全部排斥。他说舒曼的名作《狂欢节》（*Carnaval*）全然不是音乐。

肖邦不喜欢写信。有必须回复的时候，他就故意远赴他方去了。因为他的文字很不好。在键盘上这么神出鬼没的人，在文字上竟全然拙劣，真是不可思议的事。肖邦为人高傲得很，对于一切人都不能完全满足。他说："我在世间，犹之伴着低音提琴（Contrabass）的小提琴的 E 弦（小提琴上的最高音的弦线）。"是很有意思的譬喻。

｛五｝晚年的颓唐

经过了长期的清苦生活与看护之劳以后，桑对于肖邦的爱情全然消失了。桑有男子的性格，故这恋爱的破绽由桑开端，原是当然的情形。千八百四十七年六月，失去了爱情的肖邦走出诺昂的桑的家，回到巴黎。浪漫派大画家德拉克鲁瓦（Delacroix）有一幅名画《晚年的肖邦的肖像》。试看那幅画，"钢琴抒情诗人"的丰姿，为巴黎贵妇人的话题的浪漫音乐家的面影，已经完全消失了。

有名的《D 大调前奏曲》（*Preluda in Ddur*），是肖邦赠给桑的"爱的终曲"。失恋的肖邦精神上当然大受打击，他的健康更加恶化了。多情的桑后来又与福勒伯尔相交好；但他们的爱情据说全是柏拉图式的。

千八百四十年，肖邦在巴黎开最后一次演奏会。瓦格纳曾经批评他为“妇人的肖邦”。因为当时的会场上一大半是美丽的妇人。这时候他的全生涯的作品已经大部分完成，出版的已经有二十四种了。

这一年的春天，肖邦为了经济的关系，渡海至英国。他在伦敦储蓄的金钱，已大部分付了医生的诊费。夏天他到苏格兰，暂住在女弟子史塔林家中。史塔林曾经爱上他。作品第五十五号的两个夜曲，就是赠与这女子的。此后肖邦的生活费时感支绌。史塔林送他二万五千法郎。

这时候肖邦的身体已经非常衰弱，上下扶梯都要人扶持。这一年夏天他在英国开演奏会的时候，有一个友人曾经这样批评他：“肖邦的演奏过于纤弱，不足以惹起人的热狂的感激，真是憾事。”肖邦的性质也的确过于纤弱，不愧“妇人的肖邦”的称号。他住在苏格兰养病的时候，有许多公爵夫人关心他的健康，特来探望。可知肖邦无论怎样衰弱，亦不致完全见弃于女性。他的晚年身体十分病弱，据某友人说：“他的晚年，呼吸几乎不能继续。奇迹地度送了十年。”负着这样的一个病躯的人所作的音乐，当然与强健人所作不同。所以最适合他的性格的乐曲，是“夜曲”。所谓夜曲，并非严格的“夜的音乐”的意义，乃指类乎夜的幽静与阴郁的、表现幻想的乐曲。

过了奇迹的十年之后，到底不能再支撑下去了。迫近于死的肖邦的病体横在巴黎的一所寂寞的旅舍中。千八百四十九年十月十五日，陷入危笃状态。他的姐姐路易士接到了急报，奔到他的床前。另有许多女子来探问他的病状。俄罗斯文豪屠格涅夫（Turgenev）说：“欧洲有五十余个伯爵夫人愿意抱住临死的肖邦在腕中。”可知爱肖邦的女人的众多。

肖邦自己悟到了死的时候，向他姊姊提出一愿：

“请把我所作的一切不良好的乐曲烧去！因为这是我对于公众的责任。仅把优良的作品出版，是我的义务。”

这是立志高尚的艺术家的态度。

接到了危笃的报信的恋人桑，也立刻奔到死的床前，来图最后的一见；到了门口，为肖邦的弟子格德芒所拒绝，终于不曾送肖邦的终。然而也有人说，桑接到了报信并不来视。总之，桑不曾在肖邦临终的床前，似是事实。

宝德卡伯爵夫人为他唱《圣母赞歌》。依照肖邦自己的希望，反复唱数遍。然后拿出从波兰带来的盛祖国的泥土的银杯来。不久肖邦就在格德芒的腕中吐出了最后的一息。时在十月十七日深夜三时至四时之间。三十九年的不断的哀愁，在这时候结束了。

舒曼

Robert Alexander Schumann

（1810—1856）

｛一｝创作与批评的兼长

舒曼在世界音乐界上有二大功绩，即作曲家与音乐批评家。自来音乐家兼长文墨的人极少。除了自作歌剧文词的瓦格纳与这位《音乐新报》的笔者舒曼以外，其他的作曲家大都没有文字发表。就中像有名的波兰浪漫音乐家“钢琴诗人”肖邦，竟连写信都不通，除了对知交的朋友以外，从来不肯写信给别人；遇到必须答复的时候，宁可故意远行，以避去写信，这又是特例中的特例了。贝多芬遗留许多情书；然其文字并无独立的价值，不过当作大人物的遗迹而保存而已。

舒曼的文才，得自他的父亲的遗传。他的父亲是一个书籍商人又兼著作者，喜欢诗，读过弥尔顿（Milton）的作品，又曾经翻译拜伦（Byron）的诗。舒曼七岁学习音乐，不久就作曲，然而一方面受父亲的熏染，爱好文学。学习音乐之余暇，常翻阅诗文，或练习作文。舒曼的性质从小是富于感情的、神经质的，想象力很强，常因感情过于昂奋而暂时变成发狂的状态。十一岁的时候，更显露其音乐的天才，父亲就决心命他正式专修音乐。不幸这愿望未曾实现，而父亲死了。他的母亲希望他做法律家，十八岁时，把他送入莱比锡（Leipzig）大学。

舒曼虽入莱比锡大学修习法律，然其本性接近于艺术，对于冷酷的法律全无兴味。他勉强敷衍学校的课业，而其研究兴味仍是集中于文学和音乐。这生活很苦痛。二十岁的时候，他托他的亲友弗利德利希·微克（Fridrich Weick）向母亲保证，要求停修法律，专习音乐。母亲许可了。一八三〇年他写给母亲的信中，有这样的话：

我的全部生活，是散文与诗——法律与音乐——的二十年间的苦斗。

幸而这苦斗今已告终了。

舒曼得了母亲的许可，专修音乐了。起初志在学成钢琴家。后来因为右手的第三指受了伤，医治无效，失却了演奏家的资格，只得变志，改学作曲。他在研究作曲之外，又用他的卓越的见识和从家学渊源得来的文笔，作文评论当时音乐界现状。他最初当音乐批评者，早在二十一岁初出莱比锡大学的时候。

千八百三十一年，舒曼作文批评肖邦的变奏曲（Variation），投登于报纸上。这是他第一次作音乐评论。肖邦与舒曼是同时代的浪漫乐派的作家。不过舒曼是德意志式浪漫乐派的作家，肖邦是法兰西式浪漫乐派的作家，二人同根而异枝。加之二人性情大不相同，故作风亦悬殊。肖邦对于舒曼全然看不起，甚至说他的《狂欢节》（*Carnaval*）不成为音乐。肖邦的个性过于高傲自尊，喜唱这种目空一世的高谈。舒曼并不是他的反对者。他究竟具有批评者的理性的素养，有公正的论见。舒曼对于肖邦的音乐，结局是赞美的。肖邦实有赖舒曼的介绍与鼓吹。

千八百三十四年，舒曼与友人先辈等合办《音乐新报》（*Neue Zeitschrift für Musik*），这是自来音乐界最有名又最有价值的一种论文集。提供新鲜的计划，以救治当时音乐界的凡庸化，实为音乐研究者的指针。舒曼的评论，不但有文笔上的技巧，又有正确而锐利的洞察力，肖邦、勃拉姆斯（Brahms，德意志民族乐派大家）、拉夫（Joachim Raff，瑞士音乐家），都有赖于他的有力的批评，而事业愈加显著于世。《音乐新报》创刊于一八三四年，继续十年的努力经营，实为德意志音乐界的一种异彩。后来他纂集他的稿件，编成论文集《音乐与音乐家》（*Gesammelte Schriften für Musik und Musiker*），凡四卷，刊行于世。这书是舒曼的艺术观。

自来在艺术上，创作的才能与批判的才能往往不能两立。但舒曼是一个特例。

｛二｝天赐的乐才

舒曼与肖邦同年诞生，即千八百十年，时日为六月八日午后九时半，父亲名奥格斯特·舒曼（August Schumann），母亲是一个医生的女儿，名叫克理斯谛那（Johanne Cristiana）。这二人生了五个儿子，音乐家舒曼是幼子。

舒曼完全承受父亲的气质。父亲的神经系有病，这病也遗传给舒曼，故舒曼的精神状态常常变成异常；后来癫狂，自杀，大概也是由这病态进步而来的。然而舒曼的父母都没有音乐才能，舒曼的亲友中也没有音乐者，舒曼的音乐的趣向全然从天而降，毫无世间的因缘。千八百〇七年，他的父亲奥格斯特和父亲的弟弟（舒曼的叔伯）在本地杜伊郭地方开一所书店，父亲自己从事著述。这书店生意十分繁昌，一直经营到千八百四十年。然而他的父亲早在千八百二十六年上死去了。

舒曼六岁时入私塾读书，音乐的才能在这时候就发露。他的父亲因为自己少年时代在职业选择上曾经有过失败的经验，故不敢干涉舒曼的好恣，并不反对他的偏好音乐。他看见舒曼的音乐才能突如地发露，就命他到教会的风琴师那里去学习音乐。这风琴师是无师独习而成专家的，并非艺术十分高妙的人；然舒曼因为他是他最初的先生，全生涯中对于这先生始终尊敬。

舒曼七岁时就作曲，天才的早发不亚于神童莫扎特。九岁的时候，听了当时名家的演奏，心中非常感激，发奋用功。十岁毕业于私塾。这时候他在父亲所经营的书店内偶然看见发售的管弦乐谱，大感兴趣，自己也就试作小小的管弦乐曲。其曲由两个小提琴、两个长笛、一个单簧管和两个法国号（Horn）组成。他要邀集几位同学友，合奏这自作的小管弦乐曲给他的父亲听。

这时代的舒曼，对于音乐固然爱好，但对于文学更加爱好。因为父亲是书籍商人，舒曼有自由读书的特权。他常常自己作诗，再自己谱曲。他又作论文。他曾结合同学友，开文学会议，自己当会议长。当时他的论文中，有《诗与音乐艺术的内在关系》一篇。可知舒曼的批评才能，从小就有根底。

千八百二十六年，父亲死去，他的前程受了很大的阻碍。因为他的父亲是很明白的人，对于他的求学有很大的帮助。但母亲不能体谅他，断然地命令他改修法律。

像舒曼这样天生成感受性强烈的人，硬叫他学习冷冰冰的法律，自然是不能支住久长的。他从小时候对于异性的魅力有特殊的敏感。有郎尼及丽地二少女，为舒曼少年时所景慕的异性。然这在他的生涯中不过是模糊的梦影。后来他读书渐多，恋人也移向文学的世界中去找求。给舒曼印象最深的恋人，是一个名叫宝尔的女文学家。这人是当时以浪漫文学最得人望的一个女作者。舒曼受了她的影响，那时候曾经也作小说。

这时期恰好是德国歌曲大家舒伯特逝世前后。舒曼听到某医生的夫人演唱舒伯特的歌曲，非常感动。受了这天才者的歌曲的诱惑，舒曼自己也拿拜伦（Byron）和叔尔测（Schulze）的诗来谱曲。他对于学校中的课业全然不喜欢，而兴味专注在音乐与文学上。不久他在那小市镇中就变成了有名的钢琴演奏家，常常博得大众的喝彩。独有他的母亲不喜欢他专门研究音乐，时时对他表示不赞成的意思。他当时有一最信仰的教师，名叫李希得。这人是舒曼的父亲的传记的编纂者，又为某新闻报的主笔，是文人，并不是音乐方面的人，然而舒曼很佩服他。舒曼对于所恋的女文学家宝尔的情爱愈加热烈，他确信她是比歌德（Goethe）、席勒（Schiller）更伟大的艺术家。

｛三｝法律与音乐的战斗

舒曼到底不能把法律当作自己的事业。他挂了法律学生的空名，而实际上不断地研究钢琴。门德尔松、菲尔德（Field）、洪梅尔等的作品，他都弹过。他所最敬尊的，是舒伯特。贝多芬音乐在这时候还未惹起他的注意。

这时期的生活中，有最重大的事，即舒曼对于克拉拉（Clara）的亲密的交情。克拉拉的父亲微克（Weick）是一个钢琴商人，又兼钢琴教师。他的女儿克拉拉受家庭教养，这时候已经成为一女钢琴家。

后来舒曼移居海得尔堡（Heidelberg）①，那地方有一位爱好音乐的法律教授，名叫谛鲍德，舒曼对他非常亲近。一到休假的日子，舒曼立刻抛弃教科书，去访问亲友，或赴别处旅行。他曾经对人说："休假日是教我们不读学校中的教科书，而读更伟大的'社会'的书。"

自从认识了那教授之后，舒曼对于音乐愈加用功。他不久就做了本地有名的钢琴家，常在公众前演奏。作曲亦勇猛地进步。

千八百三十年八月七日，舒曼的母亲写一封信寄给微克，信的大意是这样：

> ……请你体谅一个母亲的心，与一个全然不明世事的青年的全生涯的命运。我的儿子罗勃特的生活，犹似常在朦胧的云雾之中；对于实际生活，他全然没有懂得！我晓得你是爱好音乐的。但希望你切勿因为自己爱好音乐而劝诱罗勃特也研究音乐。请计量他的年龄、他的资力、他的才能，和他的将来。你是我的儿子的长者、父亲，又友人。我敢烦劳你这事。务请你不要对他客气，用你的正直的意见，教他应该避远的事，与应该亲

① 现通译为海德堡。

近的事。——这封信写得很草率，还请你原谅。我的心痛得很，我实在不知道怎样才好。——我从来不曾写过这样潦草的信。

在这信中可以看出舒曼的母亲对于舒曼的学音乐十分不赞成，她对于想做生活基础极渺茫的音乐家的儿子舒曼，心中非常烦忧。她十分希望儿子修习有实用的法律。这原也是一片母亲之心。

然而微克十分信托舒曼的音乐上的才能。他预期舒曼的前途，曾经这样断言：

“在三年之内，舒曼必定可成为现在钢琴家中的第一流人物，必定可与洪梅尔比肩。”

这是何等大胆的预言。舒曼的命运果真被他说定了。

｛四｝乐坛上的现身

舒曼自己曾说，二十岁以前的生活是法律与音乐的战斗。亏得微克竭诚劝告他的母亲，转动了他母亲的心，音乐终于得了最后的胜利。他决心修养自己为一钢琴演奏家，作曲家为第二位。他寓居在莱比锡的微克的家里。他从此开始，每日勇猛精进地练习钢琴。他希望自己的右手的中指能和别的手指一样地灵敏，瞒过了微克，私下用纽将中指与别的手指结住，而猛力练习。然这结果终归失败。右手的中指伤了筋，从此失却了演奏者的资格。这失败在舒曼当初的确十分悲观，退回去做法律家，其势已不可能；考虑的结果，他决计改修作曲了。

决心为作曲家之后，他就从师研究音乐理论。他当时所从的先生名叫杜伦。他在杜伦先生家中，与当时七十岁的瓦格纳相会。杜伦见舒曼还没有学过和声学，就从 ABC 教起。然而舒曼的进步非常急速。他最初作的四部合唱曲的和声，非常美好而正确，被杜伦先生评为模范，杜伦对于他的天才非常惊异。舒曼从杜伦学习，直到千八百三十二年为止。

关于肖邦的作品第二号 *La Sidarem la Mano*，舒曼曾作一篇有名的评文，于千八百三十一年在《音乐总报》(*Allgemeine Musikalische Zeitung*) 上发表。这篇评文大意是赞美肖邦的。中有“诸君！这是大天才，请对他表示敬意！”数语。舒曼自己的名作《蝴蝶》(*Papillon*)，不久也就出版。

寓居在微克家里的舒曼，时常和微克的孩子们相亲近。他给他们猜谜，又讲幽灵的故事给他们听。舒曼很喜欢亲近儿童，这心情在他的钢琴曲《童年情景》及《儿童曲集》(*Album for the Young*) 中表明着。少女克拉拉当时不但练习钢琴，又学习作曲，又旁修小提琴及声乐。舒曼对于这少女真心地羡慕，后来这羡慕变成了恋爱。

舒曼曾经和克拉拉合开音乐演奏会。结果克拉拉大告成功，舒曼反而失败了。然而舒曼并不因此失望，克拉拉的胜利在他犹如自己的胜利。时人对于克拉拉又看作一位优良的作曲家。她的作品第三号《主题与变奏曲》(*Theme and Variation*)，便是奉呈于舒曼的。舒曼取她那曲中的主题，改作一“即兴曲”(lmpromptu)，编为作品第五号而出版。这即兴曲是舒曼奉献于克拉拉的父亲微克的。

舒曼的父亲死于精神病。他的姊爱米丽，和三个兄弟，均早年死去。舒曼于千八百三十三年十月起，也患了神经热之病。这正是计划刊行《音乐新报》的时候。这杂志的创刊号于千八百三十四年四月出版。刊行的目的，在于援助进步的作曲家，为他们宣传，提倡，介绍给世间，对于当时德国音乐界实在是很大的贡献。这杂志的编辑部同人中不乏有名的人物。有人这样描写当时的舒曼的状态：

> **这团体的精神上的首领舒曼，常常静静地坐在房间一角里的椅子上，不绝地吸烟。有时一面饮啤酒，一面沉思。问题最重要的时候，他才插入议论。**

舒曼在*Davidsbund*的一题目下作关于音乐的批评。这题目的意义，就是引用从前的David和Israel的敌人战斗的古典，用以譬喻和艺术上的俗物的战斗。舒曼当时大告奋勇地指示真正的艺术，作正当的批评，以辟除当时社会上一切不正当的俗见。

当时有一个十八岁的少女名叫爱尔纳斯丁的，来到莱比锡，就微克学习音乐。这女子的父亲是波希米亚与萨克索尼的边境阿西地方有名的绅士。舒曼一见这少女，就对她发生了爱情。爱情与日俱进，达到了婚约的地步。当时克拉拉还只十四岁，正别去舒曼，赴德累斯顿求学。因此舒曼与爱尔纳斯丁的恋爱，更容易成就。克拉拉的父亲微克对于二人的恋爱颇表赞同，庆幸他们的成功。然而富于易变性的舒曼，对于这女子不久忽又冷淡，恋情渐渐消灭，终于破坏婚约，这女子也离去莱比锡了。后来舒曼和克拉拉结了婚的时候，这女子曾有祝贺的信写寄给舒曼。对爱尔纳斯丁的一番恋爱，促成了舒曼的大作《交响练习曲》(*Symphonic Etude*)与《狂欢节》(*Carnaval*)。

千八百三十五年，门德尔松来到莱比锡。舒曼与门德尔松相见。门德尔松对于舒曼，是前辈的浪漫派音乐家。舒曼十分赞美门德尔松的作曲与指挥。然门德尔松对于舒曼并无特别的感动。

门德尔松与舒曼，在音乐史上为德意志浪漫乐派的双璧。他们二人是知交，艺术上的主义又相同，境遇也大致相似，故乐风也很有接近的地方。门德尔松的乐风纯粹而透明，如春光之鲜美；舒曼则暧昧而阴惨气，如冬日的深沉。门德尔松的感情犹如夜的沉静，其乐曲的形式也偏于古典的；舒曼的感情则奔放而富于热情，其乐曲也往往有不拘形式的倾向。二人比较起来，舒曼更富有浓烈的浪漫的色彩。故舒曼为十九世纪浪漫乐派绝顶期的代表者。

{五} 恋爱的诉讼

克拉拉十六岁的一年，舒曼的日记上有这样的记录：

十一月中，最初的接吻。

然而克拉拉的父亲微克不愿使自己的女儿做一个作曲者的夫人。对于他们二人的关系表示反对态度。兼之千八百三十六年二月，舒曼又遭母丧，这都成了造成舒曼的悲观的材料。他离开了克拉拉，暂赴德累斯顿，写一封秘密的情书寄送她。不料这事又被微克所发觉。微克大为愤怒，强迫克拉拉退还舒曼的信。舒曼大为伤心，然而只得退避。于是二人的关系又渐渐疏远起来。

此后克拉拉继续举行旅行演奏数次，均博得非常的成功。舒曼则专心作曲，产生了伟大的《C 调幻想曲》(*Fantasia in C*)。后来舒曼写给克拉拉的信中，关于这曲有这样的话：

> **这曲的第一乐章，在我的作曲中最为热情。这是我对于你的深切的悲叹。**

自从失去了克拉拉的恋情以后，舒曼在作曲上、文笔上均异常迟钝了。然二人的交情又渐渐地恢复起来。克拉拉于千八百三十七年八月在莱比锡的音乐会中弹奏舒曼的作品。这是她希望与舒曼重修旧好的暗号。舒曼从此方敢再对她通信。克拉拉报他一封十分热情的回信。舒曼喜出望外。此后情书又往还不绝。其间舒曼作出许多钢琴曲。

然而父亲微克又出来阻止他们的结婚了。舒曼为了推广杂志的销路，亲赴维也纳交涉。这原是为了求经济的安定，以达到结婚的目的。然而这一行完全失望，却在贝多芬的墓地上拾得了一支钢笔。

舒曼得了这钢笔，如获至宝，珍重地带回莱比锡。后来他用这文笔写出关于舒伯特的交响乐的热烈的论文。

舒曼希望克拉拉离开她父亲的家。起初克拉拉不愿意。后来她忽然离开了父亲，赴巴黎演奏旅行。舒曼得知了这消息，十分高兴，立刻赶到巴黎。不料微克得知克拉拉动身后，即寄一封严重警戒的信给旅居巴黎的女儿，克拉拉只得逃归家中。舒曼失望之余，决心对微克提出诉讼。诉讼的结果，一个法庭承认舒曼与克拉拉的爱情；另一个法庭的判断，谓必须得父亲的同意。其实这时候舒曼的收入很可以充分供养克拉拉的生活了。然而微克条件苛刻，多方地毁谤舒曼，坚不同意于他们的结婚，他说舒曼是狂人，是醉汉，没有娶他女儿的资格。甚至欲暗杀舒曼，使得舒曼一时不敢出门。

｛六｝如诗如花的结婚生活

在这不安定的期间，舒曼与李斯特相会。千八百四十年二月二十四日，耶那大学赠他哲学博士的称号。这一年八月一日，法庭终于承认了他们二人的结婚。内幕中有克拉拉的母亲在帮助舒曼，故其事更易成功。这一年的九月十二日，克拉拉的诞生日前两日，这两个爱人在莱比锡结了白头之盟。父亲微克当然不出席。

他们一共生了八个儿女。优秀的女钢琴家兼良妻的克拉拉·舒曼，为当时女流音乐家中最受尊敬的人物。他们夫妻间的爱情永远巩固。将结婚以前，舒曼曾对克拉拉诉说他对于结婚生活的企愿：

“我们来创造如诗如花的生活！我们一同来作曲，演奏，像天使一样地把欢喜送给世间的人类！”

这企愿完全实现了。结婚后的四年间，舒曼作出大部分的杰作。克拉拉遵守舒曼的企愿，非常努力于生活的美化。她在舒曼的生前与死后，努力介绍舒曼的作品于世间，对于丈夫的事业有很大的助力。故二人结婚之后，声名一齐增高。终于使从前竭力反对他们结婚的父亲微克也回转心意，写信给他们，要求他们解除前愆，重修旧好。舒曼死后，克拉拉赴柏林等处当钢琴教授，留意养育儿女，又旁修作曲，以优秀高尚的女流音乐家度送其纯洁的一生，于千八百九十六年长逝。

故千八百四十年的一年，不但是舒曼的幸福的结婚之年，他的艺术生涯也从此转入重大发展期。即舒曼在结婚以前，其制作限于钢琴曲，除钢琴曲以外，极少有别种作曲。结婚的一年，他忽然对于歌曲发生兴味，作了许多歌曲。奥地利在以前有“歌曲之王”舒伯特，这作家不但为奥地利的歌曲大家，实为世界空前绝后的大歌曲家。故讲到歌曲，当然谁也要先让舒伯特。舒曼虽然不是歌曲的专门作家，然其作品具有舒伯特歌曲中所未见的特殊的优点。故舒曼不是徒然在舒伯特的丰富的作品之后再添加歌曲的数量，而是在歌曲作风上另辟一新生面，这是音乐研究上很可注意的一点。舒曼的歌曲的特殊的优点，是其钢琴伴奏。即舒伯特以前的欧洲的歌曲，对于伴奏都非常轻视，舒伯特觉悟这一点，注意伴奏，故其作品有特殊的效果。而舒曼的歌曲的钢琴伴奏，因为舒曼本是钢琴曲专家，故更加注意，在舒伯特以上。钢琴伴奏的部分反比声乐歌唱的部分占有重要的地位。他用切分法(Cyncopation)、系留法(Suspension)及复调音乐的手法，使歌曲的伴奏能充分补助歌词的表现的不足之处，又能独立而自成一富于诗趣的钢琴小曲，同他的钢琴作品一样。这是他的结婚生活的调和圆满的产物。歌曲集《诗人之恋》(谱海涅诗的) 与《妇女的爱情和生活》，全部共一百三十八阕，都是千八百四十年的一年中所作，其作曲的速度亦已可惊了。

舒曼结婚以后，除新作歌曲之外，次年又转向其兴味于管弦乐曲。最初作交响曲《春》，第一乐章标题为《春的觉醒》，最后乐章标题为《春的别离》。然发表的时候，因恐标题限制听者的思想，故全部删去。总之，全曲是“春的欢情”的描写；换言之，这就是得了克拉拉的爱的舒曼的欢心的表现。

又次，千八百四十二年，是“室内乐 (Chamber Music) 之年”。舒曼在这一年中完全作室内乐。此后又作大规模的合唱曲与歌剧。夫妇二人又以作曲的余暇赴各地演奏旅行。

然而舒曼一生的作品的精华，到底集中于钢琴音乐上。后世传诵最广的也是所谓“舒曼风的钢琴曲”。就中最有名的是《狂欢节》(*Carnaval*)，这是由二十一个钢琴小曲合成的，各有标题，都是美丽而富于生趣的浪漫风乐曲。其次有作品第二号的《蝴蝶》(*Papillon*)，也是描写狂欢节的。又如钢琴曲集《童年情景》中，全部是充溢诗的感情的美丽的小曲，就中《梦幻曲》(*Traumerei*) 一首，是现今一般音乐者所最爱好的乐曲之一。

舒曼音乐的特色，总之，在于“小品”。

{七} 发狂、投河、死

千八百四十四年，自俄罗斯演奏旅行归来，舒曼的健康忽然受了损害。他就避去音乐会过多的莱比锡，移居到德累斯顿去休养。到了千八百五十二年，他用热狂的兴奋来创作了《曼弗雷德》（*Manfred*）之后，身体愈加衰弱。千八百五十三年，稍稍恢复，五月中他又振足精神指挥“莱茵音乐祭”的演奏。然而他的才能不适于当指挥者，故这一次最后的振足终归失败。自此以后，他的耳中忽然听见一个“A”的幻觉的音响。这幻觉的音响终日在他的耳边鸣响，使得他心神非常不快。

到了千八百五十四年，舒曼的精神状态完全异常，变成了忧郁的梦幻的状态。前面叙述过，他的父亲是死于精神病的，舒曼承受父亲遗传的性质，精神上本来有这病的根底。这遗传性就成了他的致命伤。到了这时候，他常常看见幻象，听见幻音。有一天，他在白昼看见舒伯特和门德尔松两人来教他一个优秀的旋律（前者在当时是半世纪以前的古人，后者已于七年前，即一八四七年逝世）。他就拿这个灵鬼传授的旋律为主题，作一变奏曲（Variation）。然而这到底是神经病中的行为，只写了许多支离裂灭的乐段，终于未曾完成为乐曲。然而这“灵鬼传授的主题”，确是一优秀的旋律。后来德国民族乐家勃拉姆斯（Brahms）曾经取这个旋律来作为《四手联弹变奏曲》（作品第二十三号）的主题。

这一年二月二十七日傍晚，他乘看护人不在旁的时候，突然走出门外，飞步跑到激流的莱茵河畔，一跃投入河中。幸而遇船人救援，自杀未遂，然而病状已不可收拾，完全是一个狂人了。就被送入波恩附近的癫狂病院中，拘禁了两年。千八百五十六年七月二十三日，克拉拉得到了病危的电报。飞奔至病床前，舒曼见了她，只是对她无意义地狂笑，全然不省人事了。这状态又延续了六天，至二十九日下午四时，方才瞑目长逝。后二日，在波恩附近埋葬。

舒曼的一生，可用“努力”二字形容尽之。《古今音乐技术诸倾向》（*The Modern Tendencies and Old Tendencies in Musical Art*）的著者琼斯东①关于舒曼有这样的评语：

> 具有可惊的理智力的人；其才能用于无论何种学艺必得异常的成功的人；好学而留意于心的发育的人；怀抱学理与主义，对无论何种“困难”和“不可能”战斗，必实行自己的主义而达得胜利的人……在舒曼中都可发现。他的生涯是“努力”和“理智”的生涯。他的劳作的苦痛，在他的作品中历历地表明着。

舒曼自己也常在文墨中发表其尊贵的思想。仅这几句话，就可以概括地表明他一生对于音乐艺术的态度：

“美的音乐，是与世间的褒贬荣辱无关系的、尊贵的心的发露。真正的音乐，必须常是高远的心的表现。”

---

① 现通译作约翰斯通。

李斯特

Franz Liszt

（1811—1886）

｛一｝对于异性的磁力

李斯特是古今独步的大钢琴家，有“钢琴大王”的荣名。这奇特的大天才者的生活中，又不乏奇特的逸话。就中最奇特的，莫如其对于异性的热狂的迷恋。李斯特自少至老，全生涯始终不离这一点习气。当他十六岁，他的父亲临命终的时候，曾经对他有这最后的警告：

“留心！女性将颠覆你的生涯，支配你的身世！”

他的父亲从小就看出他这癖性，然而这警告对于李斯特全然没有效用。

尼采曾经赠李斯特一句“同义语”（Synonym）：

“李斯特”等于“追求女人的艺术”。

这实在是李斯特一生的显著的一弱点，同他交接的人，谁也能立刻看出他这弱点。

据俄罗斯作曲家包罗丁（Alexander Porphyrievich Borodin）的记录，他到魏玛（Weimar）访问李斯特的时候，李斯特正在为十五个学生每日教授音乐，其中大部分是女性。青年的女学生演奏成绩良好的时候，李斯特就吻她的前额，这女弟子也还吻先生的手。包罗丁说：

“这是李斯特与其女弟子之间的一定的习惯。他对于女性的确犯着些毛病。”

甚至有的人说：

“李斯特倘没有女性，一分钟也难过。他一个人独居的时候，什么事也做不成。”

李斯特对于女性的应酬功夫，的确非常高妙。俄罗斯音乐家鲁宾什坦（Rubinstein）称他这态度为“敬爱”。有一个美国的小姐曾经对李斯特说：

“你倘渡大西洋去，一定可以变成巨富。”

李斯特回答她说：

“小姐！倘你能做我的至宝，我立刻动身渡大西洋。”

李斯特曾经为一个名叫姜卡福尔的妇人充当秘书。这妇人在她自己的著书中记录着这事实。其中有这样的记录：

> **李斯特常买 bonbon（一种糖果）送我，其交换的条件，是给他吻我的头发。**

关于李斯特有不少的磁石性的逸话。他并不是十分热情的人。但他所接近的妇人，对于他都怀着一种难于抑制的恍惚的感情。

当时有一个有名的歌妓，她每逢要会见李斯特的时候，必定改作男装。除此方法以外，决不能避去李斯特的注意。

有一位俄罗斯的伯爵夫人，曾经愤激于李斯特对她的无礼的态度，有一天怀了手枪，闯进李斯特的室中。这时候李斯特挂下两手，挺身而立，看着这伯爵夫人，对她说：

“请打死我！”

伯爵夫人倒弄得全身战栗，把手里的手枪丢在地板上，立刻逃出，回到自己的室中，伏在床上哭泣。

李斯特对妇人的交际情形都非常奇特，极少有平凡的。妇人们一认识李斯特，就好比受了他的魔法一般，神魂不定。曾经有一妇人，感到苦闷之极的时候，这样叫叹：

“倘得李斯特爱我——一小时也好——就是舍弃生命我也不惜。”

李斯特旅行到圣彼得堡的时候，曾经有一群贵妇人到他所住的旅馆里来，强迫他戴一个女人的花冠。又有一波兰伯爵夫人，曾经招待李斯特到她自己的私室中。又有四个宫女，特请画家画一幅画，描写一个李斯特的半身雕像，由她们四人扶拥着。李斯特所吸剩的雪茄烟蒂，都被当时俄罗斯的贵妇人们讨去，视为至宝，保藏在妆具中。

他到罗马的西斯谛那（Sistina）礼拜堂里去的时候，礼拜之后，人们请他弹钢琴。弹毕，一群修女围住了他，对他表示热爱的意思。这事曾经惹起时人的异议。

又李斯特于一八六五年（五十四岁）的时候曾经为修士。但他当了修士之后，妇人们对他的崇敬与亲近仍是不减于以前的状况。有一次在集会中，妇人们群趋至修士李斯特面前，跪在他的足下吻他的手，座人为之惊骇。李斯特对于理解他、赞佩他的妇人，实在有可惊的影响。据记录，许多妇人受他的迷。有的妇人热心地议论李斯特的手所接触过的花。有的妇人遍处搜求李斯特所吸剩的雪茄烟蒂。境遇良好的妇人，不惜金钱与时间，跟着他从一地跑到那地，从一国跑到那国，真好比磁石的吸铁。

李斯特的一生的恋爱故事，纸笔决不能尽述。如某评者所形容：

“我们讲李斯特的恋爱故事，只能从他的恋爱故事的一绝顶讲到次绝顶。”

又说“小李斯特”（Le Petit Liszt）自从初访巴黎的时候起，一向爱好华丽的贵妇人们的接吻与拥抱。直到晚年，仍是不绝地受妇人的包围。据传记者说，他的丰姿常是翩然，他的容貌有一种迷人魂魄的特点，晚年也不失却，对于妇人始终有强大的魔力。受了这魔力的妇人，犹如飞蛾扑入火焰中，烧去了翅膀，从此委身在他的吸引力中了。

{二} 慷慨慈悲的艺术家

李斯特一生对于女性的种种交涉，不待清教徒的评判，无论哪个都要给他“非伦”的贬语。然而这责任也不应该教他一人担负；容许奔放的女性恣意活动的欧洲社会，应当分担大半部分的责任。在李斯特个人方面，我们倘能深进一层，考察他的一生行为的全般，决不致误解他为一个无赖的色情狂者。他的为修士，可以证明他做人的态度。

一八七九年，李斯特依归了罗马天主教，作为修士。他的出家的原由，据传记者的说明，是为了他曾经希望与某公爵夫人结婚，招致世人的批评，因此委身于圣职，以表示对世间谢罪。但也是为了欲避免许多妇人的包围。

然而这等都是片面的观察。实际，李斯特是一个慷慨慈悲的艺术家。他的为人，品性善良，气度宽大，实在足以使人永久纪念。据传记者说，李斯特为人重义轻利，忠于待人。和他同时代的音乐家，像肖邦、瓦格纳、柏辽兹、舒曼，在人品上均不及李斯特的忠厚仁慈。他是最亲切的朋友，又是忠良的师傅，他一生对于别人绝不责备，绝不表示嫌恶的态度。总是用最愉快的笑脸与最温暖的同情与友人相见的。他是先天地不知嫉妒的人，对于别人的成功，真心地庆幸；对于别人的请求，凡能力所及，无不周全。他的钱囊，对于无论何人的要求都开放。他的收入的大部分用在周济与布施上。瓦格纳对他有这样的总评：

> **李斯特，犹如十字架上的基督，对别人比对自己更关心，常常准备为别人牺牲。**

拿他的慈悲的善行来抵偿他对于习惯的道德所犯的一切罪恶，已充分而有余了。

李斯特一生光荣、幸福，时时处处受人热狂的欢迎与优厚的待遇。和别的坎坷不遇的音乐家比较起来，李斯特可说是“世间的尊客”。音乐家中，除了生活最幸福平顺的门德尔松以外，恐怕更没有人可以匹敌他的一生的荣幸了。

李斯特中年在欧洲各地演奏旅行，东至俄罗斯、匈牙利，西至英国、西班牙。足迹所至，无不成为惊异的奇迹。这等演奏会所得金钱，为数当然不小。然而他自己并不储蓄财产，除了自己一身的用费之外，余多的金钱如数用在赈济灾难，帮助贫困的友人，及公益事业上。科隆地方的贝多芬纪念碑的建筑费，差不多全部是李斯特所捐赠的。创造乐剧的瓦格纳，在精神上和物质上均受李斯特不少援助。故李斯特不但是一位伟大的音乐家，在人品上也是一位宽大而博爱的伟人。

李斯特的宽大与博爱，可从这一段逸话中窥知：李斯特的演奏家名望极隆盛的时候，有一个女钢琴家，冒充李斯特的弟子，也在某地开演奏会。因为她是一个无名的女钢琴家，倘不借重大名家，其演奏会恐无人来听。因此她在招牌上擅自标记“李斯特女弟子”字样，料想李斯特不会到她的地方来，决不会注意到她的假冒。然而事有凑巧，李斯特这一天偶然来到这地方，看见了她开演奏会的旅馆门前挂着的招牌。他就在这旅馆中投宿。那女子在旅馆名牌上看到了李斯特的名字，十分惊惶，连忙来到李斯特的室中，叩头，流涕，向他谢罪。然而李斯特对她绝无不快的表示，和颜悦色地扶她起来，对她说：

“请你把演奏会中所弹的乐曲，在这里弹一曲给我听听。”

那女子就在李斯特面前演奏了一曲，李斯特在旁热心地指导她。奏完之后，李斯特站起身来对那女子说：

“现在我已教过你钢琴，此后，你真是‘李斯特的女弟子’了。这回你开演奏会，我可特地为你出席演奏一曲，倘曲目尚未印刷，请添印一行。”

那女子惊喜之余，伏在地上泣谢。

{三} 幼年生活

李斯特对于钢琴演奏，有神出鬼没的妙手，真不愧为“钢琴大王”。他不但是演奏者，又是钢琴曲、歌曲、管弦乐曲的作者，在音乐史上为最重要的一人，与法兰西的柏辽兹为近代二大新派作曲家。其人又有度量宽大的优美的人格，实在可称为近代世界伟人之一。

李斯特的祖先，是十六世纪匈牙利的巨富的贵族。李斯特生于千八百十一年十月二十二日。这一年的秋季，恰当李斯特诞生的期间，天上有彗星出现。这当然是偶然的事。然而天上的奇异的现象与人间的伟人同时出现，昔人认为奇妙的因缘，故音乐史家都传述之。

幼年的李斯特是一个神经质的孩子。对于音乐与宗教的两个倾向，一早就表示。当时走江湖卖技的吉卜赛人（Gypsy）的音乐，曾经牵惹幼年的李斯特的心。他的父亲也会弹钢琴。坐在父亲旁边听弹琴，是幼年的李斯特的最大的乐事。他的父亲一早就看出他的音乐天才，但想稍缓几年再命他专修音乐。

有一天，他听见幼年的李斯特自己在琴上弹奏平时所谙记在心头的某协奏曲（Concerto）的主题，惊讶他的聪颖，就决心请先生教他专修音乐。父亲的音乐室中悬挂着贝多芬的肖像。幼年的李斯特用功休息的时候，举头望着这肖像，天真烂漫地说：

“我想学得像他一样。“

这时候李斯特正是六岁。

少年的李斯特的生活已经全部沉浸在音乐中。每日的生活，不是弹琴，就是写谱。他在识字以前，先识得乐谱。他日夜萦心在音乐中。他的父母亲常担心他的过度用功会损害他的健康，然而也不能禁止他用功。后来他果然因为用功过度而得了病。这病非常沉重，达到绝望的程度，葬事都已准备。终于皇天不弃这天才，他从九死一生中脱险。

他恢复健康之后，又用比前更激烈的热情而埋头于音乐研究中了。最伟大的贝多芬的音乐与江湖派的吉卜赛人的音乐，是少年的李斯特所最爱好的音乐，除此两极端以外，中间的音乐家的作品，他都不喜欢。这也是伟大的奇癖。

李斯特的家世是匈牙利人。然当时李斯特的家庭中，平日不用祖国的言语，而用德意志语。这是因为他的母亲不是匈牙利人而是德意志人的原故。但李斯特长大后，生活的大部分在法兰西度送。故李斯特自己操法兰西语比德意志语更为自由。父亲是匈牙利人，母亲是德意志人，自己却是法兰西人。他实在没有一定的祖国与故乡。这一点对他的性情似乎很有关系。李斯特为人豁达大度，对于世间一视同仁，恐怕也是他的身世状况所养成的。

李斯特的诞生地莱定格村中没有学校。故李斯特幼年的教育全由父母及教会中的牧师担任。

他的父亲常常赴都会旅行，每次必然带着他同去，因此他能够常常听见优良的钢琴演奏。他的父亲早已信赖他的音乐天才，又深信发展他的天才是为父亲者的责任，故对于幼年的李斯特的音乐教养十分留意。这也是李斯特的幸运。可惜这父亲自己的收入不很丰富，不能充分教养儿女。

｛四｝演奏会的开始

李斯特九岁的时候，有一个盲目的青年音乐家将开音乐演奏会，知道幼年的李斯特有钢琴天才，特来访问他父亲，要求李斯特也参加演奏。

千八百二十年十月，这音乐会开幕的时候，李斯特果然参加。这是他第一次在公众前演奏。他所演奏的曲目，是费迪南（Ferdenand）的《降 E 调协奏曲》，此外他又以民谣为基础，即席弹奏了几曲自由幻想曲。这次的演奏是成功的，他的父亲非常欢喜。不久就命李斯特自己开演奏会，获得了辉煌的成功。从此父亲对他的希望更大了。

他的父亲带了他去见爱史推尔哈谛公爵。公爵惊奇他的天才，就劝他的父亲，在匈牙利贵族所聚居的布勒斯堡（Presberg）地方开演奏会。这计划终于实行了。演奏会的结局，果如公爵所预期，于李斯特的名声上很有功效。六个匈牙利贵族联合起来，送他六年间的充分的求学费。然而他的父亲因为李斯特还只十岁，舍不得送他独自出门求学，心中十分踌躇。商量的结果，这父亲终于舍弃了自己的职务，准备以儿子的教育为中心而移转。

他到了魏玛，向当时的大音乐家洪梅尔（Hummel）商请，要把儿子托他教导。洪梅尔在当时很有名望，授徒所取学费极昂，每小时要十块钱的报酬。李斯特的父亲不能担负这学费，这计划终于不成事实。

于是他们决计将全家迁居音乐空气最浓厚的维也纳去。

迁居维也纳之后，父亲就带李斯特去见有名的钢琴家车尔尼（Carl Czerny），要求执弟子仪。最初车尔尼拒绝他们，说没有余多的时间。后来听到了幼年的李斯特的演奏，他就欢喜地答允了，并且收取极低廉的学费。后来终于连这极低廉的学费也不受。

这教授继续一年半。其间他又另行从师，研究作曲。经过了这一年半的研究之后，李斯特的进步非常显著。千八百二十二年十二月，就在维也纳开演奏会。以后又继续开演奏会多次，均有非常的成功。

李斯特的家庭完全为了他的求学而迁居在维也纳。有这样热心于儿女的教育的父母，实在是李斯特的大幸福。

在维也纳住了一年半之后，父亲为了儿子的教育，又亲自陪他到巴黎。他到了巴黎，想把李斯特送入巴黎音乐院。当时音乐院的院长是凯鲁比尼（Cherubini），这人非常顽固，知道李斯特是外国人，竟不容他入院。其实凯鲁比尼自己是意大利人，在巴黎也是外国人。这人气量甚小，大概是对于李斯特的天才抱有反感或妒忌的原故。然而李斯特的到巴黎，持有匈牙利诸有力的贵族的介绍状，可在巴黎开演奏会，表现其天才，不久名震于巴黎音乐界了。

千八百二十四年三月开演奏会的时候，他所弹的协奏曲的华彩乐段（Cadenza）弹得非常高妙，乐队队员听得出神，连乐曲的告终都忘却，当时传为佳话。

此后他又赴伦敦演奏旅行，同时又在其地从师研究。这时期中，李斯特初作小歌剧《唐·山乔》（*Don Sancho*）。这歌剧后来在巴黎开演，获得相当的成功。

{五} 失望的考验与先辈的感化

千八百二十七年八月，李斯特的护星——他的父亲——在美尔地方忽然生起病来，不久竟舍弃了他的爱儿而长逝。丧父以后的李斯特，悲哀逾常。怀念在乡里的孤独的母亲，就迎她到巴黎来奉养。他在巴黎租了一所房屋，供母亲居住，一面就开始设塾教授钢琴。

这期间李斯特经验了一件可悲的恋爱事情。

德意志某伯爵的女儿，名叫卡洛林（Carolyne）的，与李斯特年事相同，是一个可爱而聪明的女子。她常常由母亲陪着，到李斯特的塾中来学习钢琴。后来二人之间的情分竟超过了师弟之上。女子的母亲是一个很明白的人，看到了这情形，当然允许他们结婚。不幸这明白的母亲突然病死了。母亲死后，做父亲的伯爵反对他们的结婚，不顾女儿自己的志愿，强把她嫁另一个伯爵的儿子了。这不但使李斯特失恋，那女子也为了这不幸的结婚，心中郁郁不乐。

李斯特失恋之后，生了一场大病，与幼时由过于用功而生的病同样沉重，几乎死去。幸赖母亲的慈爱的看护，得了性命，渐渐恢复健康。他在病床中，读了许多当时法兰西新兴的浪漫文学家如蒙泰涅（Montaigne）、夏托布里昂（Chateaubriand）、卢梭（J. J. Rousseau）等的著作。又看了当时新出的罗西尼（Rosini）的歌剧《威廉·退尔》（*Guillaume Tell*）的歌谱。对于这等浪漫派的文学与音乐，他心中十分感动。

自此以后，革命的新精神渐渐浸染了他的思想。爱好自由平等的热情，开始流露在他的作曲中。

李斯特二十岁的时候，从同时代的几个音乐家受到了很大的影响。其人就是世界第一小提琴大家帕格尼尼、交响乐诗人柏辽兹和钢琴诗人肖邦。千八百三十一年，李斯特在巴黎听到帕格尼尼的小提琴演奏，非常感激，自己决心要做钢琴上的帕格尼尼，从此更加发奋用功。他这誓愿终于达到目的。自来音乐技巧上最神妙的，在小提琴上莫如帕格尼尼；在钢琴上莫如李斯特。

柏辽兹的名作《幻想交响曲》（*Symphonie Fantastique*），在李斯特的钢琴曲中注入交响乐的倾向。用音乐来表现一个诗境的倾向，李斯特也是从柏辽兹那里学得的。故李斯特与柏辽兹，是在音乐中加入诗趣的两位创造性的音乐家。评家称他们二人为音乐上的两个“异端者”。

李斯特从帕格尼尼受得技巧的影响，从柏辽兹受得交响乐的影响，又从肖邦受得诗的影响。当时肖邦从波兰来到巴黎，在巴黎表现他的如梦如幻的音乐的手腕。李斯特也深深地受他的诱惑。从此也加入浪漫音乐的群中，而为其重要的一分子了。

{六} 家庭生活

达哥尔伯爵夫人（D'Agoult）比李斯特年长六岁，不但是一个美人，又是在当时文坛上有盛名的一个女流文学家。李斯特对这女人发生了恋爱。他为了她离去巴黎，移居日内瓦，一直逗留至千八百三十六年。二人间生育一女儿，名勃郎婷。这女儿后来与法兰西有名的政治家爱米尔·奥利未结婚。

李斯特住在日内瓦的期间，曾从事文字上的著作。这大概是受了达哥尔的诱导的原故。又常赴各地演奏旅行。他的钢琴曲集《旅行的岁月》，就是当时演奏旅行中的感兴的记录。

当时维也纳有一个有名的钢琴大家，名叫塔尔裴尔希。这人于千八百三十六年来巴黎。于是巴黎的音乐爱好者就分了两派，名为李斯特派与塔尔裴尔希派。两派互相争论。法国有名的交响乐大家柏辽兹为李斯特的辩护者，在报纸上执笔论战。塔尔裴尔希在音乐院的小会场开演奏会。一星期后李斯特也在歌剧馆开演奏会，以对抗他。后来两人联结起来，在某公爵夫人的客厅里合开一演奏会。自此以后，二人互相认识其优点，而互相交好，社会的争论也止息了。

千八百三十七年之夏，李斯特偕达哥尔夫人客居诺昂，住在肖邦的恋人桑的家中。

这时期的生活，在李斯特是很重要的一关键。就艺术上说，他在这时期中把贝多芬的交响曲与舒伯特的歌曲编成了钢琴曲。舒伯特的大杰作《魔王》（*Erlkönig*）的改编钢琴曲，就是这时期中的工作。就生活上说，这期间他们又生育了第二个女儿，名叫可琪马。这女儿后来二十岁时与有名的音乐者褒洛（Beulow）结婚；三十三岁时再嫁与乐剧创始者瓦格纳。

李斯特和达哥尔夫人每月需要很多的用费。因为达哥尔夫人习惯于奢侈的生活，李斯特又爱她，故二人的生活用费十分浩大，每年需三十万法郎。李斯特为了这担负，不得不常开演奏会或作演奏旅行。千八百三十九年，他们移居罗马，在那里又生一男儿，名达及哀尔。

{七} 钢琴演奏家的活动

关于李斯特的演奏旅行，相传有许多逸事。

李斯特在维也纳演奏由舒伯特的歌曲及贝多芬的交响曲改编制成的钢琴曲时，前后共开六次演奏会。每次的入场券于六星期前售罄，其听众的踊跃，可想而知。尤其是舒伯特的杰作《魔王》的改编曲，演奏时博得大众的喝彩。维也纳是贝多芬所居的地方。据说李斯特演奏贝多芬交响曲的改编曲时的听众中，有几个年长者曾经听过贝多芬亲自指挥的这交响曲的演奏会。

千八百四十年三月十五日李斯特在德累斯顿开演奏会的时候，和舒曼最初相见。后二日，李斯特又赴莱比锡开演奏会。莱比锡在当时是极端保守的地方。故李斯特在那演奏会中弹奏依据贝多芬的《田园交响曲》而改编成的钢琴曲时，听众全不起什么感动，甚至有吹口哨表示不满意的人。弹到以下数曲，始稍稍引起听众的感动。然而次日的报纸上全无赞赏的评文。舒曼当时对他的恋人克拉拉说起李斯特的演奏，全不认识他的伟大。李斯特却已认识舒曼的优点。李斯特是眼光非常明亮的识者。

此后不多时，李斯特又与瓦格纳相识。二人的初会出于偶然，全无何等详细的记录。

此后李斯特即赴伦敦。在伦敦开“钢琴独奏会”，即 Piano Recital。后世音乐会中 Recital 一语，便是这时候李斯特所创用的。

李斯特的旅行演奏，此后更加频频地举行。各处报纸上有他的演奏会的消息。有的人把他当作漫画的材料，有的人极口赞赏，又有的人对他的名誉抱妒忌之心。总之，他的演奏到处引起特别的反响。柏林大学为了听他的演奏会，特地休课一天。他到彼得格勒旅行演奏的时候，恰好接着昂不尔厄大火灾的惨报。慈悲而慷慨的李斯特即以在该地开演奏会所得的入场费五万五千法郎如数充作赈灾费。

千八百四十三年，在柏林与瓦格纳再会。这时候瓦格纳的杰作乐剧《黎恩济》(*Rienzi*) 刚才开演。李斯特与瓦格纳的交情，自此开始，成为知己。李斯特对于瓦格纳的乐剧事业，曾有不少的精神上又物质上的帮助。

到了千八百四十四年，李斯特与达哥尔夫人的情感终于破坏。原因在于二人的性格的不调和。所生的女儿一人，被送入巴黎的寄宿学校，男儿一人，归李斯特的母亲——即男儿的祖母——抚育。

{八} 魏玛的结实

李斯特历年奔走，到处为家，中年以前，没有定居的地方。到了晚年，始在魏玛息游，从事著作，滞留十年之久。他平生的大作，都在这时期中产出，故魏玛是他的结实收获的地方。然息游以前还有新的恋爱事件。

李斯特幼时曾经有一个恋人名叫卡洛林，在前节中曾经提及。这时候李斯特别去了达哥尔夫人，旅行到法兰西南部，在一个小市镇中与卡洛林重见。这偶然的会合，使二人心中各自感动又悲伤。因为李斯特失去了达哥尔夫人的爱；卡洛林也遭逢了不幸的结婚。同是天涯沦落人，而相逢又是旧恋。从此二人又常常交换情书，直至千八百七十四年卡洛林死而止。

李斯特仰慕贝多芬的伟大，数年前曾经发心欲为贝多芬立纪念碑。到了千八百四十五年，这计划果然实现了。波恩是小地方，没有适当的演奏会场。李斯特就自己一人出费，于十日间建筑一演奏会场。即在其地开演奏会。经过了这一回奔走的辛劳以后，李斯特罹了热病，卧病数月。现今一般音乐者所最爱好的钢琴曲又管弦乐曲《匈牙利狂想曲》(*Hungarian Rhapsodie*)，便是病起后所作的。

千八百四十七年二月，李斯特在基辅开慈善音乐会。这音乐会的入场券价格不定。有一妇人以一百卢布购一券而入场。这妇人是波兰一贵族的女儿，是微德根斯坦公爵夫人，这时候正当二十八岁的盛年。她为了结婚生活的不幸，已经离婚了。李斯特特地访问她的别庄，以答谢她的好意。二人间从此发生了恋情。次年，李斯特赴魏玛的时候，和这女子同去，共居在一所宏大的邸宅中。这女子虽然是受过教育的人，然来曾习惯于高贵的生活，又有迷信而顽固的习癖。故李斯特对于这女子的恋爱，不久就告终。

李斯特经过了长年的演奏旅行之后，颇感奔走之劳。故千八百四十八年到了魏玛以后，就停止演奏旅行，而悉心作曲了。在魏玛的滞留，继续十年之久。

这期间是李斯特的生活最光荣、收获最丰富的时代。

这时期中的对外的活动，是演奏，介绍古今的优良的乐曲。瓦格纳的乐剧《罗恩格林》（*Lohengrin*），就在这时候在魏玛初演。在家的活动，是创作许多大曲。李斯特的大规模的作曲，差不多全部是这时代的产物。他在这时期中作《但丁神曲交响曲》（*Symphonie nach Dantes Divina Commedia*）、《浮士德交响曲》（*Eine Faust Symphonie*）及《交响诗》十二曲。有名的十二曲交响诗，即《山中所闻交响曲》（*Mountain Symphony*）、《塔索》（*Tasso*）、《前奏曲》（*Les Préludes*）、《奥菲欧》（*Orpheus*）、《普罗米修斯》（*Prometheus*）、《玛捷帕》（*Mazeppa*）、《节日的回声》（*Festklänge*）、《英雄哀悼曲》（*Héroido Funèble*）、《匈牙利》（*Hungaria*）、《哈姆雷特》（*Hamlet*）、《匈奴战役》（*Hunnenschlacht*）、《理想》（*Die Ideale*）。这十二曲交响诗是李斯特一生的大作，又是近代标题音乐界的名著。

所谓“交响诗”，就是含有一种“诗的内容”的管弦乐作品。在音乐史上，李斯特是“交响诗”的最大的完成者。这种乐曲的根本，固不限于诗，也有以绘画为作品内容的。例如十二曲交响诗中的《匈奴战役》，便是以绘画为内容的乐曲的一例。这曲在李斯特的十二曲交响诗中排列第十一。他作这乐曲的感兴，从一幅绘画中得来。

柏林博物馆中有六幅联络的壁画，描写公元四百五十一年罗马人与匈奴人在罗马郊外战争的情形，有些战死者的幽灵也在空中作战。李斯特即以此为题材而作曲。画的背景为罗马的都市，前方战场上有许多死骸狼藉着。就中有几个死人正在次第复活起来。空中的幽灵军队，当头的是手中拿着匈奴的盾牌和鞭子的阿提拉和手中拿十字旗的他的两个儿子，后面为国王狄奥多理。李斯特的音乐的描写，所根据的是异教与基督教的战争，及基督教的胜利的由绪。乐曲形式极自由。曲中有用风琴演奏的古代天主教的赞美歌合唱曲。

李斯特晚年的生活很是灰色的。千八百五十八年，为了《巴格达的理发师》的开演受人反感，离去魏玛。次年，他所最爱的儿子死去；千八百六十六年，老母又弃世。这时候他已移居罗马，专作宗教音乐，以神剧（Oratorio）为主。六十六年，罗马法王巴伊亚斯九世赠他僧职的称号。六十九年又去罗马，返魏玛，度送其沉静的晚年的生活。

千八百八十六年七月三十一日夜半李斯特病死于拜雷特（Bayreuth）的瓦格纳的家中，即他的女儿的家中。

瓦格纳

Wilhelm Richard Wagner

（1813—1883）

{一} 从文学到音乐

近代音乐上有三个叛徒：在纯音乐方面，是把音乐“诗化”的柏辽兹与李斯特；在歌剧方面，是把音乐“剧化”的瓦格纳。从来的歌剧（Opera）音乐与戏剧很不融合，评家说它是音乐与戏剧野合而来私生子。瓦格纳排斥从前的不自然的歌剧，而力求两者的有机的统一，建设综合艺术的“乐剧”（Music drama）。他把戏剧融化入音乐中，即用音乐来作戏剧的描写。他的事实不限于歌剧上，其对于近代标题音乐风有极大的影响。因为标题音乐就是音乐的诗化、剧化。瓦格纳的工夫原是从文学而入于音乐的。请看他的幼年生活。

乐剧建设者瓦格纳是德国人，他的姓 Wagner，因为他是世界的人物，一般人都照英语发音读他的姓，读作“瓦格纳”。实则照德国本国的发音，他的姓名的发音应读如“威尔海尔姆·李希亚尔德·瓦格内尔”（Wilhelm Richard Wagner）。舒伯特的姓 Schubert 也是照英语发音的，照德语发音应读如“舒贝尔德”。这也是因为他是世界的大音乐家，故一般人都用英语读他的姓，与瓦格纳同例。

乐剧建设者瓦格纳于百年前即千八百十三年五月二十二日生于德国的莱比锡。他的父亲是一个警察署的书记，对于演剧有热狂的爱好。母亲也有同样的趣味。但是瓦格纳生后半年，父亲就染了传染病而死。母亲领了七个孤儿——瓦格纳是末子——再嫁与一个名叫涯厄（Ludwig Geijer）的人。这人是一个演员，又是剧作家，兼肖像画工，生活很富裕。他在德累斯顿的宫廷剧场里得到了职务，就把全家迁居德累斯顿。瓦格纳的命运真不好，八岁的时候，这继父涯厄又死去。

这继父对瓦格纳非常爱惜，同亲生父一样。他想教他学做画家。然瓦格纳缺乏绘画才能，而酷嗜音乐，每天只是玩弄钢琴，与舒曼学法律的时候同一状态。千八百二十二年，他开始正式受教育。然而母亲的生活很困苦，难于担负他的学费。教他用李希亚尔德·涯厄（Richard Geijer）的名字，免费入十字学校肄业。

瓦格纳的天才，对于文学比音乐更近。他对于希腊语及历史最有兴味。曾经翻译荷马的《奥德赛》（*Odyssey*），又用功研究莎士比亚的作品。十四岁的时候，他模拟莎士比亚时《哈姆雷特》（*Hamlet*）及《李尔王》（*King Lear*），作一首很大的悲剧。关于这悲剧，他自己曾经这样说：

“这作品规模实在大得很！剧的进行中共有四十二人，都死了；结果最后一幕人物不足，不得已而使已死的许多人的幽灵再在舞台上出现。”

千八百二十七年，他的家族仍旧迁回莱比锡，他改入尼古来学校肄业。在德累斯顿的十字学校里已经是四年级生，到尼古来学校只编入三年级。因此他就自暴自弃，完全不用功学校里的功课了。他一心希望从前所作的戏曲的完成。

有一次他在莱比锡的音乐会中听到了贝多芬的音乐，心中非常感动。从此他决心做音乐家了。他想在自己所作的戏曲上自作音乐，使更加完美。他对于钢琴练习，不喜欢仅事十指上的技巧练习，又不喜欢仅事和声乐的理论的课题，而希望作大规模的管弦乐曲。家族中最初反对他学音乐；后来看见他十分热心，就允许了他。

由尼古来学校转入托马斯学校，更转入莱比锡大学，热心研究哲学与美学。又另外从师学习音乐理论。这时候他已经作了许多的乐曲。

瓦格纳二十岁的时候，被任为威尔芝堡市剧场的合唱长。这时候他创作歌剧《女妖》（*Die Feen*）。次年又改任马格特堡市剧场的音乐监督，又创作歌剧《恋禁》（*Das Liebesverbot*）。

在马格特堡发生了一个重要的事件：剧场中有一个美丽的女优伶名叫明那的，对他发生了恋爱。她比他年长四岁，瓦格纳二十四岁的时候，就同她结了婚。但这结婚是失败的。起初生活极度贫乏，后来夫妇感情不好。以年月而论，二人的同居二十五年之久；但终以性格冲突，于千八百六十一年分手。

{二} 从伦敦到巴黎

俄罗斯的里加地方建设新的剧场，请他任为乐长，在这地方作成乐剧《黎恩济》（*Rienzi*）的文词。当时艺术上的繁华地是巴黎，他想把《黎恩济》拿到巴黎去发表。但他负着许多债，不便公然走脱。得了友人的援助，私下逃走。

千八百三十九年六月，他偷偷地逃出俄罗斯国境，乘船向伦敦而去。路上同行者有他的夫人和爱犬洛勃。

在海中经过三个礼拜，逢着了好几次的暴风，有一次风浪过于险恶，他的船只得泊在挪威的一海港中避难。然这一回的航海的可怕的经验，对于瓦格纳很有利益。后来他创作《漂泊的荷兰人》（*Der Fliegende Holländer*），当时航海的印象供给他不少资料。

到了伦敦，再从伦敦渡海到巴黎。在巴黎遇见当时歌剧界的大人物梅亚贝尔（Meyerbeer）。但他的到巴黎，在事业上全无补益。艺术的大都会的巴黎，对于青年音乐家瓦格纳绝不理睬。瓦格纳东西奔走，找求开演他自己的作品的剧场，然而一切计划与奔走都成泡影！

这回在巴黎滞留的三年，是他一生中最苦痛的时代。为了维持生计，他不得不暂做乐谱商的助理，又当德意志报馆的职员。其间与柏辽兹、李斯特相识，然那时候还只有表面的交际。当时他为德国诗人海涅的诗《两个掷弹兵》作曲。后来舒曼亦曾为这诗作曲。二人所作的曲，最后都采用法国国歌《马赛曲》（*Marseilles*）的旋律来结束。惟瓦格纳仅把此曲采用在钢琴伴奏中，在歌中没有表出。

瓦格纳在这困苦的生活中，完成了大作《黎恩济》。但在巴黎终于没有开演的机会。他想回到本国去设法开演，就于千八百四十二年春归德国。关于这一次的归国的心情，他自己有这样的话：

“我最初看见了莱茵河。我这可怜的艺术家眼中浮着热泪，和祖国德意志订永远的知交了。”

《黎恩济》果然在德累斯顿开演了。他最初受人喝彩和欢迎，同时又被任为德累斯顿宫廷剧场的乐长，又完成了《漂泊的荷兰人》。现今世界到处开演的大杰作《汤豪舍》（*Tannhauser*）及《罗恩格林》

（*Lohengrin*），便是此后继续作成的。《汤豪舍》中的《星之歌》及《香客合唱》，《罗恩格林》中的《婚礼合唱》，是世间音乐爱好者所爱听的音乐。

｛三｝亡命时代

千八百四十九年，萨克索尼王国因宪法被拒绝承认，德累斯顿起了暴动。瓦格纳也被卷入这暴动的旋涡中。瓦格纳对于暴动如何尽力，详情不明。惟当时革命党以十字教育会的塔上为信号所，夜中举火。昼间时时发炮，射击下面通过的军队，又打响应的钟，听说瓦格纳曾经亲自撞响应钟。又当时革命党曾分发传单，以诱惑萨克索尼的军队，听说瓦格纳曾经亲自攀登兵营的栅栏，撒布传单在军队中。热血的瓦格纳对于革命可能具有这样的同情。

普鲁士军侵入了德累斯顿。双方激烈地战斗起来，革命党终于败北。官军通缉瓦格纳，到处悬挂很大的照相。瓦格纳扮装为马车夫，驾了装货马车，逃出国境。他的逮捕令的发布，一直继续十三年，其间他只得躲避在外国，度流浪的生活。起初他逃到魏玛，受音乐家李斯特的热烈的欢迎，过了几天愉快的生活。然到处有逮捕他的人注意他的行踪，他只得赶快逃出国境，避居于瑞士。

在瑞士的避难期间，他的文学上的事业比音乐上的活动更多。记述自己的作品的理想与主义，又作《艺术与革命》（*Die Kunst und die Revolution*）、《未来的艺术作品》（*Das kunstwerk der Zukunft*）、《艺术与气候》（*Kunst und Klima*）等论文，发表于报纸上。

避难中的瓦格纳，生活当然困穷；但他的本性喜欢裕福，无论境遇何等困穷，其习惯难于改变。况且又是热情的艺术家，在精神上，在物质上，他都盼望丰富的生活。因此他对于事业十分努力。但所收入的总是不敷支出。

在瑞士滞留了九年。其间除数次小旅行外，九年间未曾离开其地。当时有一件很有兴味的逸话：

千八百五十二年，他和瑞士一个很有名望的富商夫妇相识。这夫妇二人对于艺术富有鉴赏的眼识，对瓦格纳交情很厚。其妇人是后妻，一个二十四岁的美人。富商建造邸宅的时候，曾在邸宅附近专为瓦格纳造一所别庄式的房子，供给他住居。瓦格纳对于他的夫人的友情，渐渐变成了恋爱。那夫人也留情于瓦格纳。然二人间关系也止于恋爱。因为瓦格纳的夫人明那发觉了这情形，嫉妒起来，不许瓦格纳住在他们家里了。瓦格纳只得辞去这别庄，仍归于流浪的生活。然他对于那富商夫人的友情，终身继续，未尝断绝。这期间他的精神上有很大的动摇，作曲的产出也非常丰富。

瓦格纳的生活中，有好几次将要接近运幸而不久就丧失。美推尔尼希公爵敬爱他，答允为他的《汤豪舍》在巴黎开演。这歌剧的准备工夫真是浩大：经过一百六十四回的练习，设备最复杂的舞台装置，插入许多场的舞蹈，一时惊动了巴黎全市的人。开演的时候，法兰西皇帝皇后都出席，这回想来一定是大成功的了。不料其结果大受青年们的反对，终于失败。他的一年间的努力全然变成泡影，所收入的只有区区七百五十法郎。瓦格纳在巴黎，有好几次大功垂成，然而没有一次达到目的。要之，瓦格纳的艺术是法兰西所不容的。

他就赴维也纳，想在那里开演他的新作《特里斯坦与依索尔德》（*Tristan und Isolde*）。这一次费了七十七回的练习；结果是不能开演。他又旅行到莫斯科、彼得格勒等处，但对于经济上毫无补益！经受了几次的贫困，几次的失败之后，瓦格纳就做了高利贷者的主雇，生活愈趋于穷困了。他卖去了房屋，寄食在友人家里。这时候他的毕生大作的歌剧《尼伯龙根指环》（*Der Ring des Nibelungen*）的诗刚才作成，正在印刷发表。

｛四｝巴伐利亚国王的宠爱

巴伐利亚（Bavaria）国王路易二世少年时候听了瓦格纳的歌剧《罗恩格林》，对于这作家常怀敬爱之意。这一次又读了他的《尼伯龙根指环》的诗，更为感激，就任他为明兴（Munchen）的宫廷乐长。又给他在修塔堡湖畔造一所别庄，致送他千二百盾（Gulden 荷兰及奥匈银币）的年俸。这是千八百六十四年的事。瓦格纳感谢国王的恩遇，就归化为巴伐利亚的臣民，在此努力于《尼伯龙根指环》的作曲。《纽伦堡的名歌手》（*Die Meistersinger von Nuremberg*）先在其地开演。瓦格纳平生最幸福的时期来到了。国王欲开演瓦格纳的全部作品，计议建造很大的剧场。但巴伐利亚的旧廷臣对于瓦格纳的专宠，颇有妒忌之心，剧场建筑的计划终于未曾实现。瓦格纳迁居瑞士的日内瓦。四万盾的银币打了大包裹，装在货车里，由兵卒护卫，从王城运送到瓦格纳的住宅中。

千八百六十六年春，瓦格纳卜居于瑞士的罗济伦湖畔。这一年，他的已离婚的夫人明那患心脏病而死。

千八百七十年八月，瓦格纳和李斯特的女儿可琪马结婚。可琪马本来是音乐者褒洛（Hans von Bulow）的夫人，后来和褒洛离婚，改嫁与瓦格纳。这在前面李斯特一章中已有记述。瓦格纳与可琪马之间生一男儿，名叫齐格弗里特·瓦格纳（Siegfried Wagner）。这一次他在瑞士，与哲学家尼采结交，二人间的关系很深。

{五} 瓦格纳与尼采

名人传记中最有趣味的部分，大概要算关于名人与名人的接触的故事了。就中关于瓦格纳与尼采的接触，乍离乍合，尤有趣味。尼采对于大音乐家瓦格纳怀着很深的敬爱；同时又对他有很激烈的反感。现在暂时不提瓦格纳的生涯，先把二人间的关系说一说。

尼采对于瓦格纳的敬爱之心，起于千八百六十年之秋，即尼采十七岁的时候。当时尼采约同两个好学的少年伴侣，创办思想研究会。三个好学的少年时时集会在尼采家中，购求瓦格纳乐剧《特里斯坦与依索尔德》的钢琴版，互相研究其乐谱，又试在钢琴上演奏。但要从复杂的和声中抽取旋律来弹奏，在他们是很困难的事。经过很久的练习，第二章的狩猎的部分渐渐会弹奏了。但尼采的母亲和妹妹都喜欢瓦格纳的音乐。尼采曾对家人说：“瓦格纳的音乐，要使人完全理解，完全爱好，恐怕是困难的事吧！”

尼采与瓦格纳相见的机会很不容易来到。

经过八年之后，千八百六十八年，尼采二十五岁的时候，方始与瓦格纳相见。这一年十一月九日尼采寄给他的朋友的长书翰中，详细记载着他和这大音乐家最初会面的情形。

当时瓦格纳正在莱比锡的妹妹勃洛克霍斯夫人家中小住。尼采托朋友介绍，于礼拜六晚上到勃洛克霍斯家访问瓦格纳，恰逢瓦格纳外出，未得会面，预约下一天晚上再来。据尼采的记录，从这礼拜六晚上到礼拜日晚上，“其间的时间真像在梦中过去”。

尼采更有一件欢喜的事，即礼拜日晚上以前，他的新衣服已经缝好，可以穿了新衣去访问瓦格纳了。礼拜日那一天，适逢天气不佳，雨雪交加，整日没有停止。到了晚快，他冒雨走到裁缝店内去取新衣服。那套新衣服已经完成九分九厘，再等一小时就可穿了。他只得归家。但心中很不安定，这一小时在他觉得异常长久。到了六点半，预约的时刻快到，裁缝店的伙友方始送新衣服来。尼采连忙把新衣服穿上，赶紧出门。但裁缝店的伙友拿出发票来，请求他当晚付他工资。尼采因急于要走，回报他下一天向店主人算帐。那伙友不肯，说如不付钱，须将衣服拿回。尼采大怒，把那伙友大骂了一顿，他的威势终于吓退了那伙友。时候已经八点十五分，他就冒雨出门。

这一天晚上，青年的尼采第一次会见当时五十六岁的大乐剧家瓦格纳。坐定之后，瓦格纳询问尼采因何喜欢他的乐剧。又说各处所开演的他的乐剧，和他自己所理想的演法相差甚远。又亲自弹奏其《纽伦堡的名歌手》中的重要部分给尼采听。二人的会话又转到叔本华的哲学上，谈论颇久。瓦格纳详细自述其对叔本华的观感。尼采出语人曰：

“他是元气十分充足而快活的人。他说话很快，并且非常富于顿智。他和友人共座的时候，精神异常愉快。”

这是尼采对瓦格纳的初会的印象。

这一次尼采得了瓦格纳的数月的知遇。

次年，千八百六十九年，他受瑞士巴塞尔大学的招请，赴该大学担任古典言语学教授。就职之后，他利用礼拜六与礼拜日的假期，赴罗济伦湖畔游览。

罗济伦是瓦格纳的别庄所在的地方。这村子位在山麓上，有美丽的风景，实为最适于音乐家住居的地方。尼采到了罗济伦，想去访问瓦格纳，但又觉得唐突，心中踌躇不决，就在瓦格纳的墙外彷徨。墙内齐格弗里特（瓦格纳的儿子）的锐利的和声时时飘入他的耳中，更使他神魂恍惚。偶然逢见他家里的仆人，问知瓦格纳每天工作至下午二时为止。他就把名刺留在仆人处而去。以后每逢礼拜六，他就在二时以后来访问。每礼拜如此，尼采与瓦格纳的交游从此深切起来。风光明媚的罗济伦村中，每逢礼拜六，大音乐家瓦格纳与其爱人可琪马照例欢迎青年哲学家尼采的来游。这在尼采是平生最快乐的时代。因为瓦格纳是他所崇拜的偶像。

尼采对于瓦格纳的崇拜，在四年之间一直保住白热状态。到了千八百七十四年，瓦格纳在拜雷特（Beyreuth）的毕生大事业（乐剧）渐渐失败。尼采得知了这消息，心中很为他惋惜。他就论证瓦格纳事业失败的理由所在，尼采对于瓦格纳取批评的态度，从此开始。

｛六｝瓦格纳的幻灭

主要的一点：瓦格纳所再现的艺术的旨趣，不适于我国的社会状态及经济状态……瓦格纳的特质之一，是缺乏训练和中庸之道，而其力量和感情动辄趋于极端……瓦格纳是没有手的优伶，犹之歌德是没有手的画家。他的天分正在找求向外表现的手段。

这是尼采对于瓦格纳的批评的大要。假使千八百六十七年开演的拜雷特纪念演奏的时候尼采没有赴场，他对于瓦格纳的美丽的梦也许还可继续。赴场之后，他就发生这样的感想：

我先在胸中描出了一种理想而赴拜雷特，是完全弄错的。因此我当然要感到很剧烈的失望。其不妥当、奇怪、强烈、与偏重，完全惹起我的反感。

各国麇集于拜雷特的听众，大概是属于富裕的怠惰阶级的人。在他们看来，香料与宝石比拜雷特的艺术贵重得多。他们的赴拜雷特，全然是装面子而已。拜雷特的音乐，在尼采听来原是不能感佩的。这音乐只是“响得聋子都可听见”而已。尼采对于《特里斯坦与依索尔德》尚有好感；但对于《尼伯龙根指环》就大不赞成。尼采疏远瓦格纳的日子，终于来到了。他立刻避去拜雷特的纪念演奏，逃归波希米亚的森林中。他的两眼中充满着泪珠！

此后尼采与瓦格纳还有一次最后的邂逅，在南欧的那不勒斯（Naples）的海岸。二人在海岸上逍遥。他们的会话大概是关于哲学上的问题的。谈到宗教上的问题，二人之间就有永远不可超越的沟。二人的交游以这一天为终点。

{七} 拜雷特的结实与晚年

拜雷特位于德国中部，是富于绿荫的美丽的大都市。瓦格纳喜欢这地方，在那里建设了一个“祭演剧场”（Festspielhaus）。这次的剧场建设，其经费向欧洲各处募集，路易国王曾有很大的助力。千八百七十四年，瓦格纳又在剧场附近建筑自己的住宅。

千八百七十六年八月十三日至十七日，这祭演剧场举行开演式。他的毕生的大作《尼伯龙根指环》就在这时候开演，这大歌剧分序剧《莱茵河的黄金》（*Das Rheingold*）、第一部《女武神》（*Die Walküre*）、第二部《齐格弗里特》（*Siegfried*）、第三部《众神末日》（*Die Götterdämmerung*）四部，自始至终，费四日演毕。听众不限于德国人，欧洲各国好乐者都到场。其盛况可使人想象古代希腊的奥林比亚[①]祭。瓦格纳的全生涯的努力，在拜雷特是结实。

瓦格纳的颜面上有丹毒症，到了晚年，这病更加厉害。他的最

① 现通译作奥林匹克。

后作品《帕西发尔》（*Parsifal*）完成以前，常常为了病的发作而中止。拜雷特的演剧继续开幕，千八百八十二年七月二十六日，《帕西发尔》亦在其地开演。

祭演完毕之后，瓦格纳就移居意大利的威尼斯的美丽的邸宅中，专事疗养。千八百八十三年二月十三日以心脏病死于其地。

瓦格纳在威尼斯的时候，常常走到外面的广场上去散步。有时感到疲劳，就走到他所存款的银行的窗口，坐在长椅子上暂时休息。二月十二日，他还为了准备小旅行，携了儿子到这银行来支一笔款子。想不到下一天是他的死期了。

二月十三日朝晨，瓦格纳在其宽广的书斋中写字。正午，他对女仆说自己很不舒服。女仆告诉他午饭已经准备好。他回答说，待身体稍安，再赴午餐，又吩咐她午后四时准备小船。女仆出室，等候了好久不见主人来用午膳，想再进室中探望。走到门口，听见室内有一种喘息的声音。开门一看，见瓦格纳躺在安乐椅中，奄奄将临终了。女仆大惊，立刻飞报夫人可琪马。可琪马来到椅前，瓦格纳已陷于昏睡状态，只剩最后的一息了。

瓦格纳的灵柩移到拜雷特去殡葬。李斯特（瓦格纳的岳丈）悲悼瓦格纳之死，过于哀恸，身体受害，不能参加葬列。生前反对他的报纸，这时候也登载他的讣闻，悼惜这伟人的死去。瓦格纳享年七十一岁。

瓦格纳的相貌很古拙，额骨向前凸出，眼角多皱纹，鼻子隆起而勾曲如鹰嘴，下颚突出，几乎与鼻子并高。是一副顽硬、猛烈而神经质的相貌。

他的音乐，是为唯物史观所支配的十九世纪的象征，同时又有十九世纪的怀乡病（Nostalgia）的表现。他的音乐是物质文化的礼赞，同时又是求灵魂永久安住的怀乡病表现。他的题材大概取自德国，但其音乐不限于德国，为欧洲全乐坛的代表。他不但统一了他的时代的音乐，又吸收了一切过去的音乐。故瓦格纳的伟业，是建立一切过去与一切近代音乐的分水岭。

柴科夫斯基

Peter Llyich Tchaikovsky

（1840—1893）

｛一｝悲怆的音乐家

柴科夫斯基以《悲怆交响曲》（*Pathetique Symphony*）名重于世，其人也是一个悲怆的音乐家。他和文学家陀思妥耶夫斯基为当时俄罗斯的悲哀的殿堂的二大柱。他的音乐的底流，全是深刻的悲哀。第一次把俄罗斯音乐送到中欧的乐坛上，使俄罗斯音乐成为世界的艺术的人，是柴科夫斯基。

说起俄罗斯音乐家，往往使人立刻想起柴科夫斯基。他同别的俄罗斯音乐家不同，是世界的音乐家。因为他的音乐不是极端的俄罗斯风的，而含有很多的世界的分子。当俄罗斯民族乐派的作家群集在彼得格勒，热衷于纯粹的民族运动的时候，独有柴科夫斯基住在莫斯科，把俄罗斯音乐送到欧洲的中央乐坛去。

然而他的所以为世界的大音乐家，当然不仅是为此。他的音乐中有非常可爱可亲的情趣。他全生涯敬爱莫扎特，他的音乐也类似莫扎特，喜欢用与莫扎特一样的美的旋律。旋律美是他的音乐的特色。

要研究俄罗斯音乐，当然不能仅看柴科夫斯基一人。近代俄罗斯有许多优秀的音乐家。举其著者而言，俄罗斯音乐之父格林卡（Glinka）之外，有民族乐派五大家，即巴拉基列夫（Balakireff）、居伊（Cui）、包罗丁（Borodin）、穆索尔斯基（Mousorgsky）、李姆斯基－科萨科夫（Rimsky-Korsakof）。

柴科夫斯基对于民族乐派，是折衷派的音乐家。他是用德意志的乐风来表现俄罗斯的北欧的沉痛忧郁的魂灵，故其音乐更为世人所喜爱。

柴科夫斯基的作品中，钢琴曲和歌曲有许多是世人所共知的名曲。但他的代表作，最为世间所喜欢演奏的，是《一八一二年序曲》（*Overture 1812*）及B小调的《第六交响曲》，即《悲怆交响曲》（*Pathetique Symphony*）。《一八一二年序曲》在本书序章中已经说过;《悲怆交响曲》是暗示死的音乐，或者说，是描写死的音乐。在叙述柴科夫斯基的生涯以前，现在先就音乐家在作品中所表现的观念说一说。

{二} 音乐家与死

在文学作品及绘画美术上，描写死的例很多。但在音乐上，与死的问题很少有关系。普通音乐家，大都欢喜歌咏人生的欢情、恋爱的甘美、林中逍遥的愉快、月夜的美感;对于冷酷的死的命运，音乐家都不喜欢谈及。

在宗教音乐上，原有许多音乐家喜欢作安魂乐及礼拜乐。例如巴赫、韩德尔、海顿，以及近代的弗兰克(Franck)、古诺(Gounod)等，都是宗教音乐的优秀作家。然而他们并未表现出对于死的感想，又对于这人生的最后所起的可惊的现象并未有何种解释。只有近代音乐中，有几曲以死为主题的乐曲。

瑞士画家裴克林（Böcklin）所描的《死之岛》是世界有名的绘画。裴克林自己说:“看这幅画的人，一定感到听见足音都吃惊的沉默。”画中所描写的，是一所沉寂的岛，浮在静止的海上，四围都是峻险的绝壁，壁间有阴郁的树木。全岛充满着孤独与严肃的光景。

一只小舟载着穿白衣的人，默默地向着这岛漂过去。

有两个音乐家从这幅画受到了灵感，而把画所暗示的情趣表现在管弦乐上。其一人是俄罗斯钢琴家拉赫玛尼诺夫(Rachmaninoff)，另一人是近代德意志音乐家马克斯·列格（Max Reger）。

列格的作品中有“根据裴克林的音诗四首”。就中第三首就是以《死之岛》的印象作成乐曲的。然列格不是一个十分有名的乐家，世间少有人知道他的作品，故这曲也不甚著名。

拉赫玛尼诺夫的《死之岛》，比前者有名。这是他的管弦乐的代表作。曲中不但是把裴克林的绘画所暗示的情趣移在音乐上而已，又有巧妙的心理描写。评家说他的音乐的《死之岛》的效果，反在裴克林的绘画《死之岛》之上。

瓦格纳也曾从他的乐剧《特里斯坦与依索尔德》中取材，编制为《恋之死》一曲。舒伯特的歌曲中也有有名的《死与少女》。其曲为死与少女的会话体，篇幅甚短，仅四十三小节。然其音乐甚为伟大，表现着还原于大地的温和、稳静而崇高的死。

然古来关于死的最优秀的大曲，莫如德国的斯特劳斯（Strauss）与俄国的柴科夫斯基。音诗《死与净化》（*Tod und Verklärung*）是斯特劳斯的许多名曲中的代表作。柴科夫斯基的关于死的音乐，就是前面说过的《悲怆交响曲》。这两大音乐家同以死为题材而作曲，然其态度全然不同，真是很有兴味的研究。

悲哀的情调是柴科夫斯基的音乐的本色，然同时他又有明亮而可爱的一面。听了《悲怆交响曲》之后，请再听他的《胡桃夹子》

(*Casse-Noisette*)，即可明知柴科夫斯基的音乐的两种特征。

{三} 音乐家的出发

柴科夫斯基于千八百四十年五月七日生于俄罗斯的维亚得加(Vyatka)县。父亲是一个矿山技师。母亲喜欢弹幼稚的钢琴曲，但并无什么音乐天才。

柴科夫斯基从小对于音乐有特别的爱好。父亲买来一只音乐自鸣钟，他见了比什么都喜欢。有一次听了莫扎特的歌剧《唐璜》(*Don Giovanni*)，特别喜欢曲中的抒情调。他对于莫扎特的全生涯的敬爱，是从这时候开始的。六岁的时候，开始练习钢琴。当时有一个波兰军人常常出入于他们家中，这军人能弹肖邦的乐曲，柴科夫斯基听了他的弹奏，感到很深的刺激。

后来父亲被任为彼得格勒的工艺学校的理事，其家族就迁居彼得格勒。就命柴科夫斯基入当地的法律学校肄业。他在法律学校中也常有接触音乐的机会。他常常练习钢琴，又请意大利人的先生教意大利歌剧中的乐曲。

法律学校毕业之后，就被任为司法省的书记。对于音乐的爱好，这时候渐在他心中燃烧起来了。柏辽兹曾对其医药的职业战斗，舒曼曾对其法律的职业战斗，柴科夫斯基也对他的书记的职业时时冲突。

当时有鲁宾什坦兄弟两音乐家，兄安东(Anton Rubinstein)在彼得格勒，弟尼古拉(Nicolas Rubinstein)在莫斯科，均受公爵的保护而活动。千八百六十二年，安东在彼得格勒建设音乐学校。柴科夫斯基就舍弃了两年来的官职，入音乐学校从事研究了。

青年的柴科夫斯基并不是特别的勤勉家，也不是特别的天才者。有一次他的先生安东·鲁宾什坦在作曲法课中给他一个主题，命他根据这主题作对位法的变奏曲。又对他说，这种作曲不但性质而已，分量也越多越好，不妨作十数曲。第二次上课的时候，他拿了二百余首变奏曲来缴卷。

千八百六十五年，他在音乐学校毕业。次年，莫斯科新办音乐学校，二十六岁的柴科夫斯基被招聘为该校的和声学教师。当时学校的薪金甚为微薄。他寄宿在尼古拉·鲁宾什坦家里，度清苦的生活，没有钱买衣服，向朋友借了一件旧大衣。

｛四｝教授时代

柴科夫斯基的性质胆怯而多心，不长于交际。虽然住在莫斯科，亦不参加奢华的社交生活。他喜欢静静地闭居。当时尼古拉·鲁宾什坦集合友人，创办艺术家俱乐部，其会员或朗读文学创作，或演奏音乐，或开跳舞会，兴致甚高。柴科夫斯基也是这俱乐部的会员。

他为了教授的关系，自己创作第一交响曲《冬日的幻想》（*Winter Day Dreams*）。拿了这乐曲，到彼得格勒去请从前的先生安东·鲁宾什坦指教。安东绝不客气地指斥他的作品。从此他避远母校。

安东·鲁宾什坦是李斯特以后的最大的钢琴家。柴科夫斯基很尊敬这旧师，然而他屡屡使柴科夫斯基失望。

千六百七十四年春，柴科夫斯基的《F 大调第二四重奏》完成，在尼古拉家中演奏。恰逢安东来到。他听演奏的时候脸上时时现出不愉快的颜色。演奏完毕之后，他就极口攻击这作品。

柴科夫斯基与尼古拉的交际还有这样的插话：

柴科夫斯基用降 B 小调作一曲钢琴协奏曲（Piano Concerto 作品第二十五号），奉献于尼古拉。尼古拉因为柴科夫斯基不是钢琴家，而作此曲的钢琴部分的时候不来请他指教，心中不快，对于这作品尚表示敌意，批评他的钢琴技巧。柴科夫斯基对于这恶意的批评，心中也觉得愤慨。就不改变一音符，把这曲印刷，出版。又把曲首的献词削去，改写为奉献于褒洛（Hans von Bulow）。褒洛携了这曲稿赴美国演奏旅行，博得热烈的喝彩。

青年时代的柴科夫斯基在作品上差不多全无成功。生活上当然也不充裕，一向寄居在鲁宾什坦氏家中。千八百七十年，方始离开鲁宾什坦家，自己租了一间房子，又雇了一个乡下人的男仆。男仆的食料，每天只是菜汤。

{五} 作曲上的逸话

关于这时候柴科夫斯基的作曲，有很有趣的逸话。

千八百七十一年夏天，他作《D 调弦乐四重奏》。这曲中的行板（Andante）的由来是这样：

有一天，柴科夫斯基听见一个泥工在窗下做工的时候口中随便唱着一种音调，他觉得这音调很可取，注意倾听，并且在自己心中唤起了一个作曲的主题。下一天，他又听见一个工人唱歌，其音调也很可取，又给了他作曲的暗示。他就取五线纸写谱，所作的就是这《D 调弦乐四重奏》的行板的主题。

千八百七十三年五月，北国的俄罗斯也到了春天。柴科夫斯基偕尼古拉等二三友人，同到莫斯科郊外山中去散步。阳光之下，遍地是美丽的春花。他们的游兴很好，就坐在草地上，拿出干粮来吃。村中的农夫们集拢来看。尼古拉等就招待他们，把村中所有的点心和酒买来，请他们大家吃喝。又请他们唱纯粹的民谣。农民们齐声歌唱，又舞蹈。这民谣的音调深深地保留在柴科夫斯基的心中，后来就变成《钢琴三重奏变奏曲》而表现。

｛六｝恋爱的失败

前面曾经说过，柴科夫斯基的性情是胆怯而不善于交际的，故他一生中没有热烈的恋爱故事。只有一次，恋爱情形很平淡，并且是失败的。

柴科夫斯基到了三十岁方能独立生活。

这时候有一个意大利歌剧场的歌女颇有才貌，引动了他的恋爱。他绝口褒奖她。据说这女子离去莫斯科，赴华沙的时候，已经和柴科夫斯基订婚约。但她到了华沙之后，就和另一个男子结婚。柴科夫斯基闻知了这消息，惊骇又失望。次年，这女子又来莫斯科。柴科夫斯基再见她立在舞台上的姿态，胸中感慨，竟流下泪来。

过了七八年之后，有一天，柴科夫斯基赴音乐学校访问尼古拉。

尼古拉正在自己室中和一女客谈话，他就坐在应接室里等候这女客的告退。忽然室门开处，走出来的女客正是那歌女。柴科夫斯基从椅子上跳起来，骇得面色苍白，那女子也发出惊讶的叫声。送客的尼古拉见了这般情形，心中十分惊疑，在旁默默不语。那女子就匆匆地逃走。

此后一二年，柴科夫斯基又在旅行中遇见这女子。听说这一回他们两人重修旧好，恢复了从前的关系。然情形不详悉。

千八百七十三年，柴科夫斯基和一个匿名的妇人结了婚，无条件地安定了生活。听说这妇人是一个寡妇，她的前夫是一个铁道技师。

柴科夫斯基秘密地和她结婚之后，就辞去教职，又迁居住所，外人都不明他的踪迹。他的结婚生活完全秘密，故评传者称他的结婚为“神秘的结婚”。在这神秘的结婚生活中，他的作曲进步很快。歌剧《禁卫军》(*The Oprichnik*) 是他的最初的成功的作品。

{七} 自由创作时代

千八百七十五年，他的神经患了病，病势渐渐深重起来。依照医生的忠告，绝对屏除音乐，赴外国静养。静养了若干时之后，病状果然好些。然而这病根终于不能除去，成了他的终身的苦痛。

这时候彼得格勒有一个杂志的主干，请托他以《四季》为题，连作十二首小曲，在一年中按期登载。柴科夫斯基恐怕遗忘误事，命他的忠实的仆人相帮他留心。每月送曲稿的日期到了，教他来通知。这仆人非常忠实，决不忘记。每到了日期，他就来向主人说：

“彼得·伊里奇先生，今天是送彼得格勒曲稿的日子。”柴科夫斯基立刻作曲，交下一班驿马车寄出。现今流行的钢琴小曲《四季》（*Seasons*），就是那时候的创作。

此后又作管弦乐幻想曲《弗兰契斯卡·达·里米尼》(*Francesca da Rimini*)。然而这时候他的作曲兴味已倾向歌剧方面。他想以普希金（Pushkin）的有名的小说《欧根·奥涅金》(*Eugene Oniegin*)为题材而作一歌剧。每晚偕友人们在一所饮食店的特别室内研究，商量，常常坐到深夜。

柴科夫斯基的歌剧中最有价值的，首推这一曲。惟剧中各人物的乐器的发展上略有缺陷，又，除了普希金的原诗以外，词章亦很贫弱。然而亦自有其一种魅力，评家比之于有缺陷的美人。当时柴科夫斯基因其有这缺点，不拿到大歌剧场去发表，而给尼古拉的音乐学校的学生们表演。但是现在已经成为世人所共仰的作品了。

{八} 神秘的结婚

千八百七十七年，柴科夫斯基三十八岁，便是他的神秘的结婚的一年。他的结婚如何由来，如何进行，连他的最亲近的朋友都不知道。然而推察起来，似乎是由恋爱而结婚的。但他的结婚生活只继续几个星期。要之，一切详情为神秘的幕所包蔽，外人不得而知。

结婚生活在他认为是一种苦痛的担负。为避开这结婚生活，他宁愿冻死。有一个秋天的霜浓的晚上，他曾经隐身在河中，冷水浸到他的胸边。从这次极度紧张之后，他的精神似乎发狂了。他的弟弟顾虑他的健康，劝他旅行到瑞士、意大利去静养。

在旅途中他写给友人的信，有这样的话：

今年完全住在外国，拟于来年九月初返乡。一个人只有在离群索居的时候，才能够真心感到朋友的情爱。我现在被包围在瑞士的明媚的风光中。一周间中拟离去此地，向更美丽的意大利国土出发。然而我的心不绝地驰返可恋的故乡……恐防音乐学校因我的缺席而受到影响，想起了很不安心……

后来到了意大利，他又写信给友人：

……最难忘的是在克拉伦斯的时候。我和我的弟弟两人在绝对沉静而严肃的自然中度送极和平的生活。到意大利来，真是无谓的举动！意大利的富丽与繁华只能虐待我，使我烦恼，它的伟大的古迹不能使我感激。它们在我全然是无关系的冷酷的东西。

千八百七十八年春，他从外国归来。

这一年秋季新学期，他又担任了音乐学校的教职。然而他已经习惯了自由创作的快乐，对于教授不堪其苦痛。不久他重行辞去教职，向巴黎出发。

柴科夫斯基觉得结婚是非常悲惨的事实。然而此后数年间，是他的艺术生涯收获最丰的时候；而且这时期中所作的《第四交响曲》，在他的作品中最富有愉快的谐谑的趣味。在最悲惨的时期中产出最愉快而谐谑的作品，真是不可思议的事。

《一八一二年序曲》是世间最普遍流行的乐曲。

这是千八百八十年莫斯科基督教寺院建立纪念碑的时候所作的。这序曲以拿破仑的远征的败北为题材，曲中有法国国歌与俄国国歌交替出现。初演的时候，拟在寺前的广场上开大炮以代替大鼓（Large dram），曾经计议在指挥者的手旁设一电钮，由通电流而发射大炮。然这计划终于未曾实现。

｛九｝隐遁及晚年生活

千八百八十五年，柴科夫斯基隐居在克林附近的一个小村中。

这时候他正是四十五岁，此后他的生活就固定了。他的朋友们从此称他为“克林的隐者”。

那村子里风景很好，有广大的公园，又有海水浴场。朋友们常常来访问，在他那里小住几天。他们的生活，每天八时早餐，九时开始工作。下午一时午餐，生活很俭朴，只有两样粗劣的菜。午餐以后，不拘天气如何，规定出外散步。有时柴科夫斯基独自作很长的散步，在散步中计划他的作品。下午吃过茶，再略事工作，八时进晚餐。晚餐后，命仆人送葡萄酒到卧室中，就在卧室中和友人们谈话，或联弹钢琴，或朗读小说。

后来他又移居于附近的别的村子中，他的体力向来很强健，根气也很充实，平日工作、散步，只要兴之所至，不觉得疲劳。没有朋友的时候，他独自也能很有规则地读书、作曲、散步，永不倦怠。但年纪渐渐大起来，眼力渐渐亏损，读书、作曲也渐感缺力了。

晚年的生活很孤寂。他又迁居到克林的市梢。但莫斯科的都市生活他从此不再加入了。

自千八百八十七年年终至次年三月，柴科夫斯基又赴欧洲中部旅行一次。在这回的旅行中，他会见了许多音乐家。在莱比锡遇见德国大音乐家勃拉姆斯（Brahms）和挪威音乐家格里格（Grieg）。柴科夫斯基对于勃拉姆斯有这样的记述：

我与俄罗斯诸友人一样，一向只能称颂勃拉姆斯为精力旺盛的音乐家；对于他的音乐到底不能赞美。现在听了他的演奏，觉得他的音乐并不贫弱。他不像现代一切音乐家，决不显弄表面的效果，以骇人观听；又不用新鲜而华丽的管弦乐技巧，以使人感动。他的音乐中全然没有无价值的、模仿的部分，全部是认真的、优秀的、一见而知为独创的表现。不过他所缺乏的，是最重要的一种要素——美。

对于格里格他也有这种的记述：

一个矮小的、羸弱的、两肩不均齐的、生髭须的中年男子，额上披着清楚的头发，从门中进来。这人的容貌上没有特点；但

他的外貌使我一见就发生好感。

柴科夫斯基发现格里格的音乐非常类似他自己的音乐，故对于格里格一见就怀着好感。

柴科夫斯基少年时代曾经有一次指挥自己的作品，但其演奏于途中陷入混乱，终于失败。

从这一次失败之后，他心中十分愤恨，二十年间不执指挥棒。他对于指挥全无兴味。作曲完成就放心，不再想指挥演奏。他尤其不喜欢指挥别人的作品。但到了晚年，他也曾有几次指挥自己的作品的演奏。他不是为了人们喝彩而感到愉快的人。

千八百九十三年八月，第六交响曲完成。

同年十月七日，柴科夫斯基来到莫斯科。

九日，到音乐院听演奏会。这一天晚上他同友人们一同在莫斯科旅馆中共餐。因次日欲赴彼得格勒指挥自己的《悲怆交响曲》，餐后就匆匆登程，与友人们约定十二月十二日在莫斯科开音乐会的时候再来。到了那一天，莫斯科的友人们都在等候他，可是不见他来。次日，就在报纸上看到他的死耗。柴科夫斯基罹了彼得格勒的流行霍乱而死了。

柴科夫斯基的作品极多，其重要者，有钢琴曲二十七首，弦乐曲六首，交响曲六首，组曲四首，音诗九首，进行曲四首，序曲二首，歌剧十一个，舞曲四首，小提琴曲四首，大提琴曲二首，及歌曲约百首。这等作品的重心点，是第六交响曲，即《悲怆交响曲》。这一曲是他的全部艺术生涯的结实。其旋律非常沉痛，乐器编制法非常圆熟，小调的应用非常有效，乐曲形式也比从来自由得多。

在柴科夫斯基的交响曲中，都可明了地看出其作曲时的境遇与心理：除了第一交响曲而外，第二交响曲是民族乐派倾向的表现；第三交响曲是折衷的，并且可以窥见其舒伯特爱好者的精神；第四交响曲是不幸的结婚后所作，却异常富于谐谑的分子；第五交响曲始加入主观的感情；第六交响曲是老年的沉郁的生涯的反映。

记父亲丰子恺的音乐生活与著述

丰元草*

父亲从二十年代开始直到1975年去世，从事艺术事业长达五十多年。其所涉猎的艺术门类遍及美术、音乐、文学、书法等各个领域。他给我们留下了很多著作。从这些著作中，我们不仅可以学到艺术常识、理论和技法，并且可以看到他那灌注于字里行间的思想感情和举止言谈，看到他那刻苦勤奋的好学精神。

父亲的事业成就主要在于美术（漫画），但他对音乐的重视与提倡实不亚于美术。他对音乐艺术有很高的评价，认为“音乐是艺术中最活跃，最动人，最富于‘感染力’的一种”，音乐的宣传力可以“普及于全体民众，像血液周流于全身一样”。

从童年时代开始，音乐就给他留下了深刻的印象。1932年他在

---

* 作者为丰子恺先生的次子。

《儿童与音乐》一文中回忆了儿童时代唱过的歌曲，惊叹“音乐感人的力至深至大”。当时所唱的歌大部分是光绪末年出版的沈心工编的小学唱歌。有一首《励学歌》，歌词是:“黑奴红种相继尽，惟我黄人酣未醒。亚东大陆将沉没，一曲歌成君且听。人生为学须及时，艳李秾桃百日姿。……”当时正值清朝末年，四方多难之时。老师慷慨激昂，声色俱厉地向同学们讲解当时政治的腐败，人民的不觉悟，勉励同学要努力用功，不然将落得同黑奴红种一样的下场。他听了十分感动，后来回忆说:“我唱到‘亚东大陆将沉没’一句，惊心跳胆，觉得脚底下这块土地果真要沉下去似的。”据父亲回忆，儿时所唱的爱国歌曲中，还有李叔同的《祖国歌》也给他留下很深的印象。他在1958年写的《回忆儿时的唱歌》一文中说，虽然事隔五十年，他仍然清楚地记得:“我们一大群小学生排队在街上游行，举着龙旗，吹喇叭，敲铜鼓，大家挺起喉咙唱这《祖国歌》和劝用国货的歌曲。”

李叔同就是他后来在浙江省立第一师范学校的音乐、美术老师。他是中国新文艺的先驱之一，是我国话剧创始人之一，他最早把油画、钢琴音乐介绍到中国来。李先生的指导和影响，促使父亲走上了毕生从事艺术的道路。他在1928年编的《中文名歌五十曲》中所收集的歌曲，大多是李叔同配歌词或兼作词、曲的（这些歌在新中国成立后又编为《李叔同歌曲集》，1958年由音乐出版社出版）。如《送别》《忆儿时》等都是当时学校里普遍传唱的歌曲。他在歌集的序文中深有感受地回忆这些歌曲说:“我们的心灵曾被润泽过，所以至今还时时因了讽咏而受到深远的憧憬的启示。”

对于儿童的音乐教育，父亲曾给予特别的关心。上面所述，就是他现身说法地强调音乐教育对儿童的重要性。他曾为《中文名歌五十曲》作封面画，画一群儿童在唱歌。又为他翻译的一本《孩子们的音乐》设计封面，画两个孩子在奏乐。新中国成立后父亲曾与我大姐夫杨民望合译《唱歌和音乐》《小学音乐教育法》等，还翻译了《幼儿园音乐教学法》《幼儿园音乐教育》。他曾祝愿说："我想，安得无数优美健全的歌曲，交付与无数素养丰足的音乐教师，使他们传授给普天下无数天真烂漫的童男童女！"

1921 年，父亲去日本游学，主要学习绘画和音乐，曾苦练小提琴，并参加种种音乐活动。此外还学习外语。他去日本时经济上全靠亲友的资助，后来由于接济不上，在日本总共才呆了短短的十个月就回国。可以想见，他当时是如何刻苦地放下画笔就拿起小提琴，如何勤奋地博览群书、贪婪地学习的。

从日本回国后，在春晖中学、立达学园等学校任教音乐，先后将近十年之久。同时从事编写音乐理论著作。从 1925 年 12 月出版他的第一本音乐理论著作《音乐的常识》，到 1937 年抗日战争爆发的十多年间，是他的创作力旺盛的多产时期。所写的著作中，音乐基础知识方面有《音乐入门》《西洋音乐楔子》《开明音乐讲义》《音乐的听法》等；音乐技法方面有口琴、钢琴、小提琴的演奏法；介绍西洋音乐家的有《近世十大音乐家》（即本书的前身）、《近代二大乐圣的生涯与艺术》、《世界大音乐家与名曲》等；翻译或编译的音乐及综合性的艺术理论著作有《生活与音乐》（日本田边尚雄原著）、《艺术概论》（日本黑田鹏信原著）、《艺术教育 ABC》等。此外，还有为《中学生》《新中华》《妇女杂志》等刊物所写的论述音乐的不少文章。在这些读物中，发行最广、影响最大的要算是《音乐入门》。此书自 1926 年初版后，新中国成立前共印二十八版，新中国成立后又重版两次。在二三十年代的旧中国，音乐方面的读物是很稀少的。他的这些著作在当时起了普及音乐知识、培养音乐人才的启蒙作用。现在回顾父亲当年所做的这些工作，可以看出他对发展我国艺术事业是有一番抱负的。他致力于介绍西洋音乐、美术，并在他长期的生活中和教育实践中探讨着如何促进中国艺术事业的发展。

音乐艺术如何大众化和民族化，是父亲当时经常思考的重要课题。在 1936 年出版的《艺术漫谈》一书中，他曾形象地把艺术比作米、麦，认为艺术应当大众化，为大众所欣赏，如同家家户户每天都能吃到的米、麦那样地普及，而不应当是那种只能供少数人享用的山珍海味。但他又强调，要真正使艺术普及，还必得有良好的教育。三十年代初，他在为《新中华》写的《大众艺术的音乐》一文中提出："现代的大众艺术，要求'曲高和众'。"并记述他在某中学教音乐的体会。那时他教的是外国古典歌曲《可爱的家》《故乡的亲人》《夏天最后的一朵玫瑰》等。那些学生并无音乐素养，但他们一学就会。他记述某次上音乐课的情况时说："曲终时，数十人的教室中肃静无哗，大家都埋头在乐谱中，好像大家都被迷而入了昼梦一般。"当下课时，"大家嫌恶下课铃，就好像被鸡声惊醒，大家表示可惜"。这一教学印象使得他"不禁在心中惊诧音乐的感动力的伟大，不可思议"。但他仍不满足于此，认为这些歌曲"终是西洋风的"，因而又主张要"用东洋风的旋律制作这类的音乐"，才能使之真正成为大众的音乐。

1935 年秋，父亲带了我的两个姐姐在杭州山区游玩。由于避雨，在一个三家村里经历了一次难忘的音乐生活：他拉胡琴为我的两个姐姐伴奏。她们先唱了几首西洋歌曲，然后唱《渔光曲》。由于《渔光曲》是东洋风的旋律，歌声立刻吸引附近的村民们，大家便一同和着琴声唱起来。这件事使他深切地感到：音乐的大众化也必须民族化。他在《山中避雨》一文中记述当时的情况说，他“有生以来没有尝过今日般的音乐趣味”。又盛赞胡琴这一乐器及《渔光曲》说：“这种乐器在我国民间很流行，剃头店里有之，裁缝店里有之，江北船上有之，三家村里有之。倘能多造几个简单而高尚的胡琴曲，使像《渔光曲》一般流行于民间，其艺术陶冶的效果，恐比学校的音乐课广大得多呢。”

1937 年抗日战争爆发。我家在浙江石门镇的“缘缘堂”毁于炮火。全家逃难去内地，过着颠沛流离的生活。这时父亲生活艰苦了，写作条件差了，然而视野宽阔了，爱国热情提高了。他进一步地关注着群众的艺术、群众的音乐。曾写《中国像棵大树》《谈抗战艺术》《谈抗战歌曲》等文。在《谈抗战歌曲》一文中，他热烈地赞扬聂耳的《义勇军进行曲》等歌曲在群众中得到广泛的流传：“抗战以来，艺术中最勇猛前进的要算音乐。……连荒山中的三家村里，也有‘起来，起来’‘前进，前进’的声音出于村夫牧童之口。都市里自不必说，长沙的湖南婆婆，汉口的湖北车夫，都能唱‘中华民族到了最危险的时候’。……前线的胜利，原是忠勇将士用热血换来的。但鼓励士气，加强情绪，后方的抗战文艺亦有着一臂之力，而音乐实为其主力。”

在写文章普及音乐常识、阐明音乐理论时，父亲常常用平易浅显的语言，或用文学的笔调以引人入胜。即使是枯燥的理论，有时也用生动的比喻来讲述，使读者容易理解。在 1926 年所写《音乐与文学的握手》一文中讲到某乐曲中出现的不协和音时，他解释说，这不协和音虽然“非常粗硬触耳”，但就总的效果来说很有必要，能给音乐以强大的动力。“这犹之恋人间的口角，只是一刹那间的事。”结果像骤雨后的风光更加明媚似的，使双方增加了互相间的爱和恋。接着又作一个比方说：“会议中的议员各重自己的职分，热心地主张自己认为可行的意见的时候，这会议就带生气，有时弥漫着杀气似的力。”反之，如果在会上“只是举止闲雅，态度驯良而盲从别人的，骤见好像完全调和，其实是无人格的偶像的默从与盲从，生气当然没有，趣味也一点看不出。乐曲中的旋律的进行也与这同样”。

在《西洋音乐楔子》（后改名《西洋音乐知识》）一书中，他采取了在每次讲乐理之前先讲一个音乐故事的方式。例如在讲唱歌的一章之前，先讲了一个英国女王维多利亚在德国音乐家门德尔松面前唱门德尔松所作的歌曲时，心情十分紧张的故事，以引起读者的兴味。本书《近世西洋十大音乐家故事》则用纯粹讲故事的方式，而通过故事又使读者能窥见近世西洋乐坛的昌盛。

对于音乐的特性与效用，父亲以他那丰富细致的感情，锲而不舍地作了很多探讨。在《音乐与文学的握手》一文中，他谈到了音乐与别的艺术如绘画、雕刻全然不同的特点。他认为，绘画、雕刻所描绘的内容活动，如一群士兵向敌阵冲锋，其物象虽一看就知，但其“勇气、冒险”等感情，只是在看了想了之后徐徐地在人们的心头浮起来的。而音乐则不同，由于它并不指示我们确定的事物，即使是军队进行曲，也描写不出具体的战斗光景。故音乐与绘画、雕刻相反，“全然向反对的方向动作，最初就立刻来搅动我们的感情，在我们还没有分晓怎样一回事或为什么原故的时候，已投给我们以一个强烈的心的印象，直接地动作及于我们”。他的一张漫画《锣鼓响》就可说明这一特点：一个老太太牵着一个小孩被传来的锣鼓声搅动了心情，赶着要去看个究竟，而她们这时还不知为什么打锣鼓，不知究竟是怎么回事呢。

关于音乐的效用，或者说音乐有没有教育作用，这是对音乐艺术的看法的一个根本问题。父亲一贯认为：音乐艺术是高尚、严肃的，反对把它看成一种纯粹的消遣娱乐。上文讲过他十分重视抗战歌曲的作用，还讲过他把艺术比作米、麦，这里也包含了不应把艺术当作消遣品这层意思。米、麦对人们来说是主食，而不是消闲的零食。作为精神粮食的音乐、美术等也同样不应被看作消遣品。1930 年他在《为妇女们谈音乐研究的态度》一文中强调说："音乐艺术是非常高深的。故研究音乐应采取郑重的态度……过去一般无知的文人，往往视音乐为消遣娱乐之物。"抗战中 1940 年他又重申这一观点："艺术的性状很特别，内容很严肃而外貌又很和爱，不像道德法律似的内外一致，因此浅见的人容易上当，以为艺术只是一种消闲娱乐的装饰品。"接着又把艺术比作金鸡纳霜（即奎宁丸），说浅见的人欣赏艺术好比吃奎宁丸，只知其外表的甜味而不知其内里的药物能起严肃的治病作用。他认为好的音乐能培养美德，反之，不好的音乐能败坏道德。在《卅年艺术教育之回顾》一文中，他语重心长地慨叹当时艺术教育的不良倾向，指出自从《毛毛雨》等黄色歌曲出世以来，"好像魔鬼降生，把学校及民众的乐坛，搅得一塌糊涂。到处都是靡靡之声与亡国之音……害得学生尽行化作卖唱儿。……害得士兵们拿不起枪来"。

出版社要重版父亲早年所作《近世西洋十大音乐家故事》一书，

并由我写文章纪念。我乘机重读了父亲的一些音乐著作，回顾了他一生的音乐艺术活动。我感到，我应该记取他那种严肃认真、勤奋好学的精神。父亲对于读书、学习，一向主张刻苦耐劳，而颇为蔑视那种“捷径”之类的东西。他在 1931 年写的《为中学生谈艺术科学习法》一文中，向中学生提出的第一条要求就是“须耐劳苦”，并声称：“愧无新颖的捷径可以指示读者……艺术科学习上倘有捷径，其捷径一定是丰富的先天与切实的工夫所造成的。”

在重版的前夕，我重读了本书，注意到了父亲在 1929 年本书初版时所写的《序言》。他在《序言》中说，此书“只能作为好乐者的案头的装饰品……作为弹琴者休息时间的消遣品”。但我更注意到，他紧接着又指出，本书的贡献“或者不止装饰与消遣而已”。他用社会发展的眼光，从编写的音乐家故事中看出了一些重大变化：从海顿、莫扎特到贝多芬、柴科夫斯基等音乐家的社会地位在逐渐提高，体会出“在十大音乐家的生涯的零星故事中，很可以窥见音乐在近世欧洲地位的变迁”。这是他提示读者如何从阅读这些故事中获得教益的一种启示。

我觉得父亲写这本书时，也按照他那一贯作风，力求写得浅显活泼。但由于本书毕竟是二十年代所作，又是参考当时国外资料写成的，有些方面难免受这些资料的影响。而且由于采取了故事的形式，讲述时又过分地讲究那种趣味性而颇使人感到有不足之处。例如，对其笔下的音乐家往往着重描写个人生活、恋史与个人的事业而很少写社会背景；又往往着重描写音乐家的才华惊人、名声显赫而较少写其刻苦学习的过程，等等。但作为二十年代父亲的旧作重版，如果本书能给一般读者增加一点音乐知识，培养一点音乐兴趣，也就达到父亲当初写这本书的目的了。

以上记写了父亲的音乐生活与著述，以及我自己阅读本书后的一点感想，一方面供读者参考，同时也借此表示对去世多年的父亲的怀念。

图书在版编目（CIP）数据

近世西洋十大音乐家故事 / 丰子恺著.
— 桂林：漓江出版社，2019.3
ISBN 978-7-5407-8535-2
Ⅰ. ①近… Ⅱ. ①丰… Ⅲ. ①音乐家 - 生平事迹 - 世界 Ⅳ. ①K815.76
中国版本图书馆CIP数据核字(2018)第233933号

JINSHI XIYANG SHI DA YINYUEJIA GUSHI
近世西洋十大音乐家故事
丰子恺　著/绘

出版人：刘迪才
出品人：张谦
责任编辑：张谦
助理编辑：刘红果
书籍设计：石绍康
责任监印：张璐

漓江出版社有限公司出版发行
广西桂林市南环路22号　邮政编码：541002
发行电话：010-85893190　0773-2583322
传真：010-85890870-814　0773-2582200
邮购热线：0773-2583322
电子信箱：ljcbs@163.com
网址：http://www.lijiangbook.com
三河市西华印务有限公司印刷
[河北省三河市泃阳镇化甲屯小学东　邮政编码：065299]
开本：880mm × 1230mm　1/32
印张：7.75　字数：176千字
2019年3月第1版　2019年3月第1次印刷
书号：ISBN 978-7-5407-8535-2
定价：43.00元